CABOURD

C. JAMIN
L. LACOUR

Droit commercial

Collection
dirigée par Claude LOBRY

TECHNIPLUS

ISBN 2-85232-421-0

HACHETTE
79, boulevard Saint-Germain
Paris 6e

Éditions LICET
Galeries du Pont-Neuf
2, rue du Pont-Neuf
Paris 1er

INTRODUCTION
au
Droit commercial

Entrepreneurs, salariés, consommateurs, nous sommes tous concernés par le droit commercial.

L'ouvrage de Laurent LACOUR et de Christophe JAMIN vise à mettre à la portée de tous la connaissance et la compréhension du droit du commerçant et des sociétés, du droit de la consommation.

Il concerne aussi bien les créateurs et les gestionnaires d'entreprise que les étudiants préparant les épreuves des B.T.S., D.U.T., D.P.E.C.F., et les bacheliers de l'enseignement technologique.

Le contenu de cet aide-mémoire, en recoupant l'intégralité des programmes des deux années d'étude pour ces examens, permet de :

- **Maîtriser** le vocabulaire juridique et les concepts de base du droit commercial, et de caractériser ses différentes sources.
- **Apprécier** la portée du principe de liberté du commerce et de l'industrie (liberté d'entreprendre, liberté de la concurrence, liberté des prix) et ses limites (prohibition de la concurrence déloyale, du refus de vente, des ententes, des abus de position dominante,...).
- **Connaître** le statut de commerçant (définition, obligations, fonds de commerce, droit au bail,...).
- **Définir** l'entreprise sociétaire (contrat de société, notion de personne morale,...).
- **Comprendre** les règles essentielles de création et de fonctionnement des principales sociétés commerciales (S.A.R.L., E.U.R.L., S.A., S.N.C., S.C.A.,...).

- **Distinguer** les titres émis par les sociétés (action, obligation, part sociale,...) et d'apprécier leur rôle en matière de protection des minoritaires.
- **Analyser** l'évolution des entreprises (constitution de groupes, de holding, de conglomérats, de filiales) et leurs difficultés (redressement ou liquidation judiciaire).
- **Savoir** passer un contrat (de vente, de crédit-bail, de franchise, de prêt, de transport,...).
- **Décrire** les mécanismes de paiement (lettre de change, chèques, cartes bancaires,...) et les sûretés (cautionnement, gage, hypothèque,...).
- **Connaître** le droit de la consommation.

Un index en fin d'ouvrage permet d'accéder rapidement aux définitions des notions clés.

Dans la collection D.E.G.E., vous trouverez les compléments économiques, juridiques et sociaux indispensables à l'appréhension de l'Entreprise dans toutes ses composantes.

— *Économie générale* par H. BOUGAULT
— *Droit commercial* par L. LACOUR et C. JAMIN
— *Droit fiscal* par C. SPINDLER
— *Droit du travail et Sécurité sociale* par L. FARGE et C. LOBRY
— *Droit et publicité* par C. MÉGIER

TITRE 1

Les sources du droit commercial

I - Les sources formelles

II - Les sources institutionnelles

I Les sources formelles

Les sources du droit commercial, c'est-à-dire ses modes de création, se caractérisent par une certaine originalité.
Sur le plan formel, *les usages et les coutumes tiennent une place importante, et les traités et directives communautaires voient leur influence s'accroître.*

A / / / LES SOURCES CLASSIQUES

/ / / / / 1 / / La loi et le règlement

Depuis l'entrée en vigueur de la constitution du 4 octobre 1958, un nouveau partage des compétences s'est instauré entre le législateur et le pouvoir exécutif, en faveur de ce dernier.

Au terme de **l'article 34, la loi « détermine** les principes fondamentaux (...) du régime de la propriété, des droits réels et des obligations civiles et commerciales, et fixe les règles concernant (...) les garanties fondamentales accordées aux citoyens pour l'exercice des libertés publiques », dont la liberté du commerce et de l'industrie.

Au terme de **l'article 37,** tout ce qui n'est pas expressément attribué au domaine de la loi par l'article 34 est du domaine **réglementaire.** En outre, en dehors des règlements autonomes et des décrets proprement dits pris en application de l'article 37, le droit commercial trouve sa source dans d'autres règlements administratifs : arrêtés ministériels, préfectoraux et municipaux. En revanche, les circulaires, qui sont des actes purement internes à l'Administration, ne sont pas considérées comme des sources du droit. Enfin, au terme des **articles 38 et 92 al. 3,** le gouvernement peut, dans certaines conditions, prendre par **ordonnance** des mesures qui, normalement, sont de la compétence du législateur. Autant dire qu'aujourd'hui le droit commercial ressort, pour une large part, de la compétence du pouvoir exécutif.

À titre d'exemple, ce sont des ordonnances qui ont fixé les statuts des groupements d'intérêts économiques (ord. du 23 sept. 1967) ou du nouveau droit de la concurrence (ord. du 1er déc. 1986). En outre, si la loi a fixé les principes fondamentaux du nouveau droit du redressement et de la liquidation judiciaire des entreprises (lois nos 85-98 et 85-99 du 25 janv. 1985), elle a dû être complétée par d'importants décrets (nos 85-1387, 85-1389 et 85-1390 du 27 déc. 1985).

///// 2 // Les conventions internationales

Le commerce international a pris un essor considérable à la fin du XIXe siècle et au cours du XXe siècle. Or la diversité des réglementations nationales peut constituer un frein à son développement. Aussi un effort d'harmonisation a-t-il été entrepris. Il peut prendre deux formes.

— 1 — Les règles nationales demeurent en vigueur pour le commerce intérieur, et les conventions internationales **ne s'appliquent que pour les relations commerciales internationales.**
À titre d'exemple, on peut citer la convention de Berne, du 14 octobre 1890, sur les transports par chemin de fer, et la convention de Varsovie, du 12 octobre 1929, sur les transports aériens.

— 2 — Les conventions internationales tendent à **uniformiser les règles juridiques, aussi bien au plan interne qu'international.**
À titre d'exemple, les conventions de Genève du 7 juin 1930 et du 19 mars 1931 ont tenté d'uniformiser, dans tous les pays signataires, le droit de la lettre de change, du billet à ordre et du chèque.

///// 3 // Traités et normes communautaires

Les deux **traités** instituant la **Communauté économique européenne** (C.E.E.), conclus à Rome le 25 mars 1957, ont eu une influence considérable sur le droit commercial. Ils ont pour but :

- La **suppression des barrières douanières** pour les pays membres de la Communauté et la mise en place d'un tarif douanier commun à l'égard des pays qui lui sont extérieurs.
- Le **rapprochement des différentes législations.**
- La suppression d'obstacles mis à la **libre circulation des travailleurs, des marchandises, des capitaux et des prestations de services.**
- La suppression des discriminations et des disparités d'ordre fiscal, social ou autres qui faussent le **jeu de la libre concurrence.**

Aux traités de Rome, il convient d'ajouter aujourd'hui l'**Acte unique européen** conclu les 14 et 28 février 1986. Il a pour but de prolonger et d'intensifier l'œuvre commencée en 1957, afin de passer d'un **Marché commun** à un **Marché intérieur le 1er janvier 1993.** Pour ce faire, il renforce le pouvoir des différentes institutions communautaires ; il prévoit un accroissement de la coopération en matière monétaire, sociale, et dans les domaines de l'environnement, de la recherche, et de la réduction des écarts de développement ; et pour ce faire, il entraîne la création et la mise en application de trois cents directives et règlements ayant pour but l'harmonisation des législations des différents États membres.

En effet, le Conseil des ministres de la communauté et la Commission européenne ont, au terme du traité de Rome, le pouvoir d'arrêter :

- **Des directives.** Ce sont des normes juridiques, en principe non directement applicables, qui obligent les États membres à mettre en conformité leur droit interne avec les termes de la directive, tout en conservant leur liberté quant au choix de la forme et des moyens.

  À titre d'exemple, la directive du 25 juillet 1985 sur la responsabilité du fait de produits défectueux laisse aux États membres le soin de mettre, sur ce point, leur législation interne en conformité avec les dispositions de la directive.

- **Des règlements.** Ce sont des normes juridiques de portée générale, ayant un effet obligatoire, et directement applicables dans les États membres.

  À titre d'exemple, le règlement 123/85 du 12 déc. 1984 fixe les conditions que doivent remplir les contrats liant les constructeurs automobiles à leurs distributeurs pour ne pas instituer une entrave prohibée à la libre concurrence dans le secteur de la distribution automobile.

À côté des règlements et des directives, la Commission peut prendre des **décisions,** obligatoires dans tous leurs éléments, mais uniquement pour leurs destinataires qui peuvent être des particuliers ou des entreprises. Enfin, elle peut prendre des **recommandations** ou **avis** qui n'ont aucun caractère contraignant.

4 La jurisprudence

À l'occasion de litiges déterminés, les tribunaux interprètent les lois, les règlements ou les usages en les adaptant aux mutations de la vie économique, et parfois même en les complétant. Par leur interprétation, ils créent donc du droit.

À titre d'exemple, les règles de la concurrence déloyale entre commerçants ont été dégagées par la jurisprudence au cours du XIXe siècle sur le fondement de textes relatifs à la responsabilité civile de droit commun.

B / / / LES USAGES ET LES COUTUMES

/ / / / / 1 / / Les usages

Nés de la répétition des mêmes actes juridiques, les usages et coutumes jouent un rôle important en droit commercial. **Ils constituent des pratiques courantes, qu'un milieu déterminé, en l'occurrence celui des commerçants, considère comme normales.** Leur mode de formation est donc **conventionnel, spontané** et **collectif.**

À titre d'exemple, la jurisprudence a pu révéler des usages dans la région parisienne pour les relations commerciales liant les imprimeurs et les éditeurs de revues.

Les usages se greffent sur les dispositions incluses dans les contrats commerciaux. Ceux-ci en fixent la qualification et l'interprétation, et en déterminent le contenu ou les sanctions.

À titre d'exemple, dans le commerce du bois, il est d'usage que les défauts des billes de bois découverts au sciage demeurent à la charge de l'acheteur.

Les usages sont ainsi **opposables aux professionnels** qui contractent dans leur branche d'activité ou sur leur place d'origine. Ils complètent les textes législatifs ou réglementaires ayant un caractère supplétif, c'est-à-dire qui s'appliquent en l'absence d'indications fournies dans l'acte par les parties, mais ne peuvent mettre en échec un texte de même nature ayant un caractère impératif pouvant être prouvé librement en justice.

/ / / / / 2 / / Les coutumes

Souvent dégagées par la jurisprudence à partir d'usages antérieurs, elles constituent, comme pour ceux-ci, des actes extralégaux, mais elles s'en distinguent par leur **généralité,** par **l'absence de consentement** exprès ou tacite des intéressés, même si elles ne peuvent s'imposer contre leur volonté, et par le fait qu'elles semblent pouvoir faire **échec aux lois civiles,** même impératives.

À titre d'exemple, on peut citer comme coutume la solidarité présumée entre débiteurs contractuels commerçants (contrairement à l'article 1202 du Code civil).

II

Les sources institutionnelles

***Sur le plan institutionnel,** les organismes professionnels et les institutions communautaires jouent un rôle important dans la formation du droit, à côté du législateur, du pouvoir exécutif et des tribunaux de commerce.*

A / / / LES INSTITUTIONS ÉTATIQUES

1 Les pouvoirs exécutifs et législatifs

Le pouvoir législatif est formé du Parlement : **Assemblée nationale** et **Sénat.** Ce sont eux qui ont compétence pour voter les lois.
Le pouvoir exécutif comprend, d'une part, **le président de la République,** qui promulgue les lois, signe les ordonnances et les décrets délibérés en Conseil des ministres, et d'autre part **le gouvernement,** et plus précisément le Premier ministre qui exerce le pouvoir réglementaire par voie de décrets autonomes ou de décrets pris pour l'application des lois. **Les maires** et **les préfets** prennent des arrêtés pour la sécurité, la salubrité et la sûreté publiques.

2 Les autorités administratives

À côté des institutions purement étatiques, il existe un grand nombre d'autorités administratives qui, **dans leur domaine spécifique de compétence,** ont le pouvoir d'édicter des normes juridiques.
À titre d'exemple, on peut citer le Conseil de la concurrence (ord. du 1er déc. 1986) qui contrôle les pratiques restrictives et anticoncurrentielles.

3 L'autorité judiciaire

Elle est à la **source de la jurisprudence.** En matière commerciale, son particularisme provient, d'une part, de l'existence des tribunaux de commerce, et d'autre part du recours à l'arbitrage.

a / *Les tribunaux de commerce*

● **Organisation.** Les tribunaux de commerce sont des **juridictions d'exception** qui n'existent qu'en première instance. L'appel de leurs décisions est dévolu aux cours d'appel et, sur pourvoi, à la Cour de cassation.
Ils sont composés de **juges consulaires,** commerçants élus tous les deux ans par un corps électoral composé essentiellement de commerçants, de représentants de sociétés commerciales et de membres des tribunaux et des chambres de commerce, selon un système électoral à double degré. Les fonctions de juge consulaire sont gratuites. Chaque tribunal est composé d'un président, de juges titulaires et suppléants ; les tribunaux importants pouvant comprendre plusieurs chambres spécialisées.

Il existe, en outre, plusieurs catégories d'auxiliaires des tribunaux de commerce : greffiers et huissiers qui sont des **officiers ministériels,** les premiers jouant un rôle important dans la tenue des audiences, du registre du commerce et en matière de publicité légale ; **experts** qui peuvent, à la demande du tribunal, l'éclairer sur des questions de fait ; **administrateurs judiciaires** et **mandataires liquidateurs** chargés d'administrer ou de liquider les commerçants ou les sociétés faisant l'objet d'une procédure de redressement ou de liquidation judiciaires.

● **Compétence.** Au titre de leur **compétence d'attribution,** les tribunaux de commerce sont uniquement compétents dans les matières qui leur sont attribuées par un **texte spécial.** Ainsi, ils sont normalement compétents, d'une part, pour juger des **contestations entre commerçants** quand elles se rapportent à l'exercice de leur profession, et, d'autre part, pour connaître des **litiges relatifs à des actes de commerce** quelle que soit la qualité des personnes en cause. En outre, ils peuvent connaître des **litiges particuliers :** contestations entre associés (article 631-2e du *Code de commerce*), litiges relatifs à la vente et au nantissement d'un fonds de commerce (loi du 17 mars 1909), à la tenue du registre du commerce (décret du 25 mars 1967), ou encore de difficultés relatives à une procédure de redressement ou de liquidation judiciaires (loi du 25 janvier 1985), etc. Au titre de leur **compétence territoriale,** il y a lieu d'appliquer les règles du droit commun (art. 42 NCPC) : le tribunal territorialement compétent est normalement celui du lieu où demeure le **défendeur.** Cependant, en matière contractuelle, le demandeur peut lui préférer le lieu d'exécution du contrat, et en matière délictuelle le lieu où est commis ou subi le fait dommageable. En matière commerciale, il est cependant possible qu'une clause contractuelle prévoie le tribunal de commerce territorialement compétent.

● **Procédure.** Il s'agit d'une **procédure simplifiée** dans la mesure où la vie des affaires nécessite une prise de décision rapide. Cependant, des réformes récentes tendent à modeler la procédure commerciale sur les étapes de procédure de droit commun. Parmi les particularités procédurales, il faut tout de même relever, d'une part, le caractère essentiellement oral des débats, et d'autre part la possibilité qu'a le tribunal de désigner un juge-rapporteur qui aura pour tâche d'instruire l'affaire, d'entendre les plaideurs, puis de faire un rapport à ses collègues afin que ceux-ci rédigent ensemble leur jugement.

En outre, le président du tribunal dispose de prérogatives propres : ordonner en **référé** toutes les mesures aptes à éviter un dommage imminent, ou qui ne se heurtent à aucune contestation sérieuse (nomination d'un expert, allocation d'une provision, etc.) ; ordonner **sur requête** toutes les mesures urgentes lorsque les circonstances exigent qu'elles ne soient pas prises contradictoirement (nomination d'un huissier aux fins de constat, etc.) ; ordonner au débiteur d'une créance commerciale de la payer lorsqu'elle lui paraît fondée — il s'agit de la procédure dite d'**injonction de payer,** particulièrement utile pour les créances de faible montant.

b / L'arbitrage

Il est fréquent que les parties confient le soin de trancher leur litige à des particuliers, en insérant dans leurs contrats des clauses compromissoires dont la validité est admise en matière commerciale uniquement (art. 631 al. 2 du *Code de commerce*). La **clause compromissoire** stipule que les parties à un contrat promettent de recourir à l'arbitrage en cas de difficulté. Elle n'est pas exclusive du **compromis** que concluent les parties qu'oppose un conflit au moment de la survenance de celui-ci.

L'arbitrage présente un double avantage, discrétion et rapidité, accentué par le fait que les arbitres peuvent être désignés en qualité d'**amiables compositeurs,** ce qui signifie qu'ils auront à statuer en équité, sans respecter les règles de droit en vigueur. En outre, dans les domaines extrêmement techniques, les parties peuvent utilement nommer des personnes reconnues pour leur compétence particulière. En revanche, surtout en matière internationale, le coût de l'arbitrage peut être très élevé.

B / / / INSTITUTIONS PROFESSIONNELLES

Les institutions professionnelles ont une influence certaine, même si parfois elle est indirecte, sur la formation du droit commercial. Elles ont un **rôle consultatif** qu'elles peuvent exercer auprès des pouvoirs publics. Elles peuvent délivrer des **parères,** qui permettent de prouver l'existence d'usages dans une branche d'activité déterminée ou sur une place donnée. Elles établissent des **conditions générales de vente** ou des **contrats types** qu'elles proposent à leurs adhérents, favorisant ainsi l'uniformisation des conventions commerciales et la consolidation des usages.

À titre d'institutions professionnelles, on peut citer :

- Les **chambres de commerce et d'industrie** existant dans chaque département.
- Les **chambres syndicales** (loi du 21 mars 1884).
- La **Chambre de commerce internationale** siégeant à Paris qui, outre son activité dans le domaine de l'arbitrage international, a publié des codes internationaux de pratiques loyales en matière de publicité, de promotion des ventes, etc.

TITRE 2

Les commerçants

I - La notion de commerçant

II - Les libertés commerciales

III - Les obligations du commerçant

IV - Le fonds de commerce

V - Le droit au bail

I

La notion de commerçant

Les commerçants sont des personnes qui accomplissent, en leur nom et pour leur compte, des actes de commerce, et qui en font leur profession.

Au terme de l'article premier du *Code de commerce,* pour être commerçant il faut : effectuer des **actes de commerce,** et en faire sa **profession habituelle.** À ces deux conditions, on en ajoute traditionnellement une troisième : **agir pour son compte.**
Compte tenu de l'importance de la notion d'acte de commerce dans la définition du commerçant, il convient d'en apprécier précisément les contours avant d'analyser les deux autres éléments de cette définition.

A / / / L'ACTE DE COMMERCE

1 Généralités

Outre qu'elle permet de définir le commerçant, la notion d'acte de commerce présente l'intérêt de fixer le champ d'application des règles du droit commercial, déterminé moins par la notion de commerçant (conception subjective) que par celle d'acte de commerce (conception objective). Malgré certaines nuances, **le droit commercial est avant tout le droit des actes de commerce,** le commerçant se définissant par rapport à la nature des actes juridiques qu'il effectue. Ainsi, cette notion permet de :

- déterminer certaines **règles de compétence et de procédure** (ex^{s}. : elle fixe la compétence des tribunaux de commerce et rend licite les clauses compromissoires) ;
- fixer un **régime juridique particulier** par rapport aux actes civils (ex^{s}. : les règles de preuve sont plus simples qu'en matière civile ; la solidarité se présume à l'égard des seuls codébiteurs commerçants) ;

- soumettre certains contrats commerciaux à des **dispositions spécifiques** (il en est ainsi pour le gage commercial ou le statut des baux commerciaux) ;
- permettre la mise en œuvre de certains **délits spéciaux** (ex^{s}. : la contrefaçon de marques de fabrique ou le faux en écriture de commerce constituent des délits spécifiques au droit commercial).

Cependant, il n'existe **pas de critère unique** satisfaisant qui permette de caractériser l'acte de commerce, bien qu'on ait pu en proposer trois de nature économique : **— 1 — le but de spéculation** (l'acte de commerce se caractérise par la recherche d'un bénéfice dans la transmission des biens) ; **— 2 — la circulation des richesses** (l'acte de commerce concourt à la transmission et à la distribution des richesses) ; **— 3 — la méthode entrepreneuriale** (l'acte de commerce se définit par la mise en œuvre de moyens caractéristiques de l'entreprise — organisation permanente planifiée et reposant sur une installation matérielle). En l'absence d'un tel critère, il faut se borner à classer les actes de commerce en fonction des catégories auxquelles ils appartiennent.

/////2// La classification des actes de commerce

Il en existe trois catégories, auxquelles nous ajouterons celle des actes mixtes.

a / Les actes de commerce par nature

Ils sont énumérés à l'article 632 du *Code de commerce* (l'article 633 vise les actes de commerces de mer). Permettant de retenir la qualité de commerçant de celui qui exécute ces actes, à moins que ce commerçant n'agisse à titre isolé, il s'agit :

- De l'achat de biens mobiliers ou immobiliers pour les revendre (la nécessité d'un achat préalable permet, d'une façon générale, de ne pas reconnaître la qualité d'acte de commerce aux activités extractives ou agricoles, ou encore à la production d'une œuvre littéraire ou artistique).
- De tout établissement de spectacles publics ou de vente à l'encan (par analogie, la jurisprudence y assimile toutes les entreprises de dépôt).
- De toute entreprise industrielle, de transport (quel que soit le moyen utilisé), ou de prestations de marchandises ou de services.
- De toute opération de change ou de banque (les opérations de Bourse ne sont pas en droit des actes de commerce par nature).
- De toute entreprise de location de meubles (l'entreprise de location d'immeubles demeure, en principe, civile).

- De toute entreprise de commission, agences d'affaires (agences matrimoniales, gérants d'immeubles, etc.), de courtages (courtage d'assurance, courtage en vins, etc.), ou opérations d'intermédiaires dans les ventes d'immeubles et de fonds de commerce — toutes activités d'intermédiaires du commerce desquelles il faut exclure certaines activités dites « nobles » (officiers ministériels, auxiliaires de justice, membres de professions médicales et assimilés, etc.).

b / Les actes de commerce par la forme

Ce sont des mécanismes juridiques propres au droit commercial, et qui lui demeurent soumis quelle que soit la qualité de la personne qui les exécute. Ils sont peu nombreux.

- La lettre de change (article 632, al. 10 du *Code de commerce*), c'est-à-dire le titre de crédit en vertu duquel un tireur donne ordre à son débiteur, le tiré, de payer à un tiers, bénéficiaire, une certaine somme d'argent à une date déterminée (le billet à ordre ou le chèque ne constituent pas des actes de commerce par la forme).
- Les actes juridiques relatifs au fonds de commerce (par exemple, la location-gérance ou la vente d'un fonds) constitueraient, pour la jurisprudence, des actes de commerce par leur forme.
- Les sociétés par actions (loi du 1er août 1893), les sociétés à responsabilité limitée (loi du 7 mars 1925), les sociétés en nom collectif et les sociétés en commandite simple (loi du 24 juillet 1966), quel que soit leur objet, sont réputées commerciales.

c / Les actes de commerce par accessoire

Ce sont les actes juridiques ne rentrant pas dans les deux catégories précédentes. De ce fait, ils devraient constituer des actes civils. Cependant, ils sont soumis aux règles du droit commercial dans la mesure où ils sont effectués par **un commerçant** pour **les besoins de son activité commerciale.** Peu importe que l'autre partie soit commerçante ou non commerçante. Bien plus, la jurisprudence présume, sauf preuve contraire, que tout acte fait par un commerçant est commercial par accessoire.

À titre d'exemple, l'achat de matériel ou d'outillage par un commerçant est réputé constituer un acte de commerce, sauf à prouver par tout moyen que cet achat a été effectué dans un but strictement personnel. Par exemple, pour l'entretien de son jardin.

C'est donc **le but recherché par le commerçant** qui permet de qualifier juridiquement l'acte qu'il effectue. Cependant, la notion de commercialité par accessoire a été étendue aux engagements extracontractuels des commerçants. Il suffit pour cela que leurs engagements soient effectués à l'occasion et pour les besoins de leur activité commerciale. Ainsi en est-il de la responsabilité délictuelle ou quasi délictuelle.

À titre d'exemple, on peut citer des faits de concurrence déloyale, ou encore l'obligation de réparer des dommages matériels causés à l'occasion d'une activité commerciale.

De même, la jurisprudence présume, sauf preuve contraire, que tout délit ou quasi-délit commis par un commerçant est commercial par accessoire. En revanche, ni les dettes fiscales ni les amendes pénales ne sont jamais considérées comme des dettes commerciales.

Enfin, la théorie de l'accessoire permet de qualifier d'acte civil des actes de commerce par nature effectués par un non-commerçant pour les besoins de son activité civile.

d / Les actes mixtes

Il ne s'agit pas, à proprement parler, d'une catégorie d'actes, mais des modalités que ceux-ci peuvent recouvrir. En effet, les actes mixtes sont des actes juridiques qui sont commerciaux pour l'une des parties et non commerciaux pour l'autre.

À titre d'exemple, on peut citer la vente d'une voiture par un concessionnaire à un particulier.

Quel sera alors le régime juridique applicable ? En principe, on applique les règles du droit civil à celui pour lequel il s'agit d'un acte civil et les règles du droit commercial à celui pour lequel il s'agit d'un acte commercial. On parle alors de **système dualiste.**

À titre d'exemple.

- ***En matière de compétence*** *(compétence d'attribution), il faut prendre en considération la qualité du défendeur à l'action : si celui-ci a effectué un acte de commerce, le demandeur non-commerçant peut agir contre lui, soit devant la juridiction civile, soit devant la juridiction commerciale ; si le défendeur n'est pas commerçant, il ne peut être assigné que devant une juridiction civile.*
- ***En matière de preuve.*** *Il faut prendre en considération la qualité du défendeur à la preuve : si celui-ci est commerçant, son adversaire peut lui opposer les règles de preuve du droit commercial ; et dans le cas inverse, le commerçant doit opposer au non-commerçant défendeur les règles de preuve du droit civil — ces règles étant beaucoup plus contraignantes.*

Mais le système dualiste n'est pas toujours possible. Aussi revient-on à un **régime unitaire.**

À titre d'exemple.

- *La clause compromissoire n'est pas valable dans les actes mixtes.*
- *En principe, la prescription commerciale de dix ans (art. 189 bis du* Code de commerce*) est applicable aux actes mixtes.*
- *En matière de consommation, certaines opérations sont régies par des règles spécifiques dont le but est la protection des consommateurs (prohibition des clauses dites abusives, réglementation du démarchage à domicile, etc.).*

B / / / LA PROFESSION

L'auteur d'actes de commerce ne sera qualifié de commerçant que s'il effectue ceux-ci de manière habituelle et dans le but de tirer de son activité des ressources nécessaires à l'existence. En d'autres termes, le commerçant doit effectuer des actes de commerce à titre de **« profession habituelle »,** cette profession étant exercée **à titre principal,** même si cette activité n'est pas unique, et non comme accessoire d'une profession non commerciale.

À titre d'exemple.

● *Le fait de signer, même habituellement, des lettres de change ne permet pas de qualifier leur signataire de commerçant.* ● *Le médecin qui, dans une petite commune, vend des médicaments à sa seule clientèle n'est pas un commerçant, car cette seconde activité est l'accessoire de la première — s'il les vend à tout venant, il devient commerçant pour cette dernière activité, car il s'agit alors d'une activité distincte de celle de médecin.*

À partir de là, on distingue classiquement trois catégories économiques de professions commerciales : les entreprises de **production,** de **distribution** et de **services.**

C / / / L'EXERCICE POUR SON COMPTE

Malgré le silence du *Code de commerce* sur ce point, on admet généralement que le commerçant, pour être qualifié comme tel, doit **agir pour son compte, à ses risques et périls et de façon indépendante.** En conséquence, les salariés, liés par un contrat de travail à un employeur, ne sont pas commerçants, même s'ils ont reçu le pouvoir de les représenter. De la même façon, les mandataires qui agissent pour le compte d'un mandant commerçant ne peuvent, sous certaines réserves, recevoir cette qualité.

À titre d'exemple.

● *Les* ***administrateurs*** *de S.A. ou les* ***gérants*** *de S.A.R.L. ne sont pas commerçants.*

● *La situation des* ***représentants de commerce*** *dépend de leur statut. Liés à l'entreprise qu'ils représentent par un contrat de travail, ils ne sont pas commerçants (on les nomme généralement V.R.P. : voyageurs, représentants et placiers) ; liés par un contrat de mandat qui leur laisse toute liberté dans l'organisation de leur travail, ils sont commerçants (il s'agit alors d'agents commerciaux).*

● *Les* ***commissionnaires*** *sont des commerçants, bien que le contrat de commission soit une forme commerciale de mandat, mais seulement parce qu'ils agissent toujours en leur nom sans révéler celui de leur commettant (art. 94 et suivants du* Code de commerce*).*

II

Les libertés commerciales

Permettant aux commerçants d'exercer normalement leurs activités, les libertés commerciales sont au nombre de trois. La plus classique est la liberté du ***commerce et de l'industrie.*** *Les deux autres ont eu leur régime profondément modifié à la suite de l'ordonnance du 1er décembre 1986. Il s'agit des libertés de la* ***concurrence*** *et des* ***prix.***

A / / / LA LIBERTÉ DU COMMERCE ET DE L'INDUSTRIE

Elle a été proclamée par le décret Allarde (2-17 mars 1791) qui, en permettant à toute personne d'exercer le commerce, a défini **la liberté d'entreprendre,** et par la loi Le Chapelier (14 juin 1791) qui, en abolissant les corporations, a instauré **la liberté d'exploitation.**

/ / / / / 1 / / La liberté d'entreprendre

C'est la liberté dont dispose toute personne physique ou toute société d'exercer une activité commerciale ou industrielle de son choix. Qualifiée de « **liberté publique** » par l'article 34 de la Constitution de 1958, cette liberté connaît certaines limitations, même si, d'une part, l'accession à la qualité de commerçant demeure relativement facile, et que d'autre part la création d'entreprises est encouragée.

À titre d'exemple. ● *Un décret du 18 mars 1981 a créé les* ***centres de formalités des entreprises*** *qui ont pour objet de permettre à celles-ci de souscrire en un même lieu et sur un même document les déclarations auxquelles elles sont tenues par la loi ou les règlements concernant la création, la modification et la cessation de leur activité.* ● *Un décret du 3 décembre 1987 a simplifié les différentes formalités de publicité consécutives à la constitution d'une société.*

Ce principe connaît des limitations de deux ordres.

a / Les limitations légales

● INCAPACITÉS (qui ont pour but de protéger certaines catégories de personnes réputées dépourvues des qualités nécessaires pour pratiquer une activité commerciale) : **les mineurs** ne peuvent avoir la capacité d'être commerçants — cependant, les mineurs émancipés peuvent accomplir des actes de commerce isolés sans autorisation ; la situation des majeurs dont les facultés mentales sont altérées varie selon le régime juridique auquel ils sont soumis. En principe, **les majeurs sous tutelle** (ou en curatelle) ne peuvent continuer à exercer de commerce, au contraire des majeurs sous sauvegarde de justice.

● INCOMPATIBILITÉS, DÉCHÉANCES ET INTERDICTIONS (qui restreignent la liberté d'entreprendre dans un but d'intérêt général). Le commerce est déclaré **incompatible** avec l'exercice de certaines professions dont il s'agit de protéger la « dignité » (fonctionnaires, officiers ministériels et professions libérales organisées en ordres professionnels). Les personnes ayant fait l'objet de certaines condamnations pénales peuvent être **déchues** du droit d'exercer le commerce. Pour des raisons de direction de l'économie, l'exercice du commerce par certaines personnes peut être **interdit** ou soumis à **autorisation,** ainsi que l'exercice de certains commerces par toutes personnes.

À titre d'exemple. ● Les ressortissants étrangers situés dans un État hors de la C.E.E. doivent être en possession d'une carte de commerçant étranger. ● L'exercice de certaines professions peut être interdit en vue d'en réserver le monopole à l'État (tabac, postes, etc.), ou être soumis à la possession d'un diplôme (pharmaciens, etc.).

b / Les limitations conventionnelles

Dans un acte juridique, l'une des parties peut s'interdire d'exercer une activité professionnelle qui fasse concurrence à l'autre pendant la durée de leurs relations contractuelles ou après expiration de celles-ci.
À titre d'exemple : les parties peuvent prévoir une clause au terme de laquelle le vendeur d'un fonds de commerce, ou l'ancien salarié d'une entreprise, s'engage à ne pas prendre d'activité identique à celle qu'il exerçait auparavant, soit sur le fonds, soit dans l'entreprise. Constituant une atteinte grave à la liberté d'entreprendre, ces clauses ne sont licites qu'à la double condition d'êtres limitées dans le temps et dans l'espace.

/////2// La liberté d'exploiter

En principe, tout commerçant a le droit de conduire son affaire et de gérer son entreprise comme il l'entend. Il est libre dans les décisions qu'il prend et dans les contrats qu'il conclut. Cependant, il existe certaines limites à la liberté d'exploiter, tenant à un interventionnisme, plus ou moins contraignant, de l'État dans les affaires économiques.
À titre d'exemple, les politiques de protection des consommateurs ou de normalisation des produits (A.F.N.O.R.) limitent la liberté d'action des entreprises.

B / / / LA LIBERTÉ DE LA CONCURRENCE

Il s'agit du principe de libre compétition entre les entreprises situées sur un marché déterminé pour offrir à une clientèle potentielle leurs produits ou leurs services. Cependant, ce principe peut aboutir à certains excès que la jurisprudence et le législateur tentent de limiter afin de conserver à la compétition son caractère **loyal** et **suffisant.**

/ / / / / 1 / / La concurrence déloyale

Il faut distinguer, en **théorie jurisprudentielle,** la concurrence déloyale qui vise à protéger les seuls intérêts des commerçants et n'a que des effets civils, d'une réglementation dont le but est d'interdire certains procédés concurrentiels afin de protéger d'autres catégories sociales, dont les consommateurs.

a / La théorie jurisprudentielle de la concurrence déloyale

● NOTION. Fondée sur l'article 1382 du *Code civil,* elle est relativement floue. Cette notion est à distinguer de **la concurrence anticontractuelle** (celle-ci enfreint une interdiction formulée par un contrat), de **la concurrence illégale** (celle-ci enfreint une interdiction législative ou réglementaire), de **la contrefaçon** (celle-ci constitue une atteinte portée aux monopoles d'exploitation et d'utilisation découlant d'un des droits de la propriété industrielle — brevet d'invention, marque déposée, etc.).

● TYPOLOGIE. On distingue généralement quatre types d'actes de concurrence déloyale qui, dans la pratique, peuvent se chevaucher.

▬ **Le dénigrement.** Il consiste à jeter le discrédit sur un concurrent.

À titre d'exemple, la Cour de cassation a estimé qu'un commerçant ayant adressé à sa clientèle une lettre circulaire exposant qu'une action en contrefaçon avait été intentée contre un concurrent a commis un acte de concurrence déloyale.

▬ **L'imitation.** Elle consiste à utiliser la réputation d'un concurrent pour créer une confusion avec ce dernier, afin d'en capter la clientèle.

À titre d'exemple, la Cour de cassation a condamné des entreprises qui se servaient d'une enseigne identique à celle de leur concurrent, situé dans une branche d'activité similaire, pour créer une confusion au sein de la clientèle.

▬ **La désorganisation.** Celle-ci vise soit **l'entreprise concurrente,** soit le **marché** sur lequel elle intervient.
Dans le premier cas, elle peut consister en une divulgation de secrets d'affaires ou de manœuvres en direction du personnel de l'entreprise, ou en une remise en cause de son organisation commerciale.

À titre d'exemple, le fait de favoriser ou d'entretenir chez un concurrent une grève du personnel pour en tirer profit constitue un acte de concurrence

déloyale — ce n'est plus un concurrent déterminé qui est visé, mais l'ensemble de la profession.
À titre d'exemple, la Cour de Paris a retenu qu'une personne qui employait un personnel clandestin, payé à un tarif dérisoire, perturbait le marché, ce qui constituait un acte de concurrence déloyale à l'encontre de l'ensemble de la profession située sur le même marché.

■ **Le parasitisme.** Il consiste en l'utilisation de la réputation d'une entreprise concurrente, ou des efforts qu'elle a pu consentir sur le plan technique ou commercial, pour tenter, sans se confondre avec elle, de détourner sa clientèle.
À titre d'exemple, la Cour de cassation a estimé qu'était fautif, pour un pompiste, le fait de commercialiser, sous la marque d'une société pétrolière, des produits d'entreprises concurrentes.

● L'ACTION. Fondée sur l'article 1382 du *Code civil,* elle est de **nature délictuelle.** Aussi, le commerçant qui s'estime victime d'un acte de concurrence déloyale doit prouver la faute de son concurrent, le préjudice qu'il subit, ainsi que le lien de causalité existant entre la faute et le préjudice, pour espérer obtenir des dommages et intérêts, voire la cessation des agissements déloyaux et la publication de la décision.

b / Les interdictions de certains procédés concurrentiels

En raison de son fondement délictuel, la théorie de la concurrence déloyale est insuffisante. Elle ne concerne que les commerçants, et ses effets sont uniquement civils. Aussi le législateur et l'Administration interviennent pour protéger, non seulement les entreprises concurrentes, mais aussi les consommateurs et les commerçants en situation de faiblesse.

À titre d'exemple.
● *La* ***loi du 27 décembre 1973*** *sur l'orientation du commerce et de l'artisanat cherche à éviter qu'une « croissance désordonnée des firmes nouvelles de distribution ne provoque l'écrasement de la petite entreprise et le gaspillage des équipements commerciaux ».* ● *Un* ***décret du 9 février 1961*** (art. R 40 al. 12 du Code pénal) *interdit la vente par envoi forcé, qui consiste pour un commerçant à faire parvenir à un client une marchandise, lui proposant de la conserver et d'en régler le prix, ou de la renvoyer sans frais dans un certain délai.* ● *L'****ordonnance du 1er décembre 1986,*** *reprenant une loi du 2 juillet 1963, interdit la vente à perte, c'est-à-dire la revente d'un produit à un prix inférieur à son prix d'achat.*

///// 2 // La concurrence insuffisante

Après avoir étudié les modes de concurrence acharnée auxquels se livrent les entreprises, il faut se tourner vers la façon dont les entreprises peuvent organiser leurs rapports pour atténuer ou supprimer l'état de concurrence que postule une économie de marché. Les pratiques anticoncurrentielles, dont les formes sont diverses, recouvrent un **caractère individuel ou collectif.**

a / Les pratiques anticoncurrentielles à caractère individuel

L'ordonnance du 1er décembre 1986, qui a réformé l'article 37 de l'ordonnance du 30 juin 1945, les dénomme désormais « **pratiques restrictives** ».

● PRIX IMPOSÉS ET PRIX CONSEILLÉS.

L'article 34 de l'ordonnance de 1986, reprenant une solution classique, prohibe, sous peine d'une sanction pénale, le fait pour toute personne de prescrire, directement ou indirectement, l'imposition minimale du prix de revente d'un produit ou du prix d'un service.

À titre d'exemple, le fournisseur d'un bien ne peut imposer à son distributeur un tarif de revente de ce bien au consommateur.
En revanche, la pratique des prix conseillés demeure licite, sous réserve qu'elle ne dissimule pas l'imposition d'un prix imposé ou ne révèle pas de l'existence d'une entente.

● PRATIQUES DISCRIMINATOIRES.

L'article 36-1 définit clairement la pratique discriminatoire condamnable : le fait pour tout producteur, commerçant, industriel ou artisan, de pratiquer à l'égard d'un partenaire économique ou d'obtenir de lui des prix, des délais de paiement, des conditions de vente ou d'achat discriminatoires non justifiés par une contrepartie réelle en créant de ce fait, pour ce partenaire, un désavantage ou un avantage.

À titre d'exemple, un fournisseur ne peut vendre ses produits à des prix différents à deux distributeurs qui, à son égard, sont dans une situation identique (même quantité de produits vendus, même localisation géographique, etc.)

● REFUS DE VENTE.

L'ordonnance de 1986, qui a partiellement dépénalisé le refus de vente entre commerçants, a profondément modifié les conditions de mise en œuvre de celui-ci.

L'article 36-2 définit ainsi le refus de vente : le fait pour tout producteur, commerçant, industriel ou artisan, de refuser de satisfaire aux demandes des acheteurs de produits ou aux demandes de prestations de services lorsque ces demandes ne présentent aucun caractère anormal (quantités excessives ou dérisoires demandées, etc.), qu'elles ont été faites de bonne foi, et que ce refus ne soit pas justifié par les dispositions de l'article 10.

Au terme de l'article 10, le refus de vente est justifié si son auteur peut démontrer que ce refus a eu pour effet d'assurer un progrès économique en réservant aux utilisateurs une partie équitable du profit qui en résulte, et sans donner aux entreprises intéressées la possibilité d'éliminer la concurrence pour une part substantielle des produits en cause.

À titre d'exemple, un fabricant d'articles de literie refusait la vente de ses produits à un distributeur, prétendant qu'il la réservait à un réseau de distributeurs agréés qui devaient disposer de locaux dégageant une « atmosphère sereine et de tranquillité peu compatible avec le bruit et l'agitation » régnant dans les locaux du distributeur en question (il vendait aussi de la hi-fi...). Le tribunal de commerce de Paris a retenu que cet argument ne constituait pas une justification au sens de l'article 10 de l'ordonnance.

Il convient cependant de relever que le vendeur peut ne pas avoir à supporter la preuve des faits justificatifs de l'article 10 si l'accord qu'il a conclu avec le distributeur auquel il réserve la vente de ses produits a été exempté par un décret pris après avis conforme du Conseil de la concurrence.

À ce jour, personne n'a encore obtenu le bénéfice d'un tel décret.

b / Les pratiques anticoncurrentielles à caractère collectif

Il faut distinguer les pratiques anticoncurrentielles proprement dites, qui comprennent **les ententes et les abus de domination,** et qui désormais sont régies par le titre III de l'ordonnance de 1986 ayant abrogé l'article 50 de l'ordonnance du 30 juin 1945, des **concentrations d'entreprises** visées au titre V de l'ordonnance de 1986 ayant abrogé une loi du 19 juillet 1977, laquelle avait instauré un régime dont on déplorait l'ineffectivité.

● LES ENTENTES.

L'article 7 de l'ordonnance prohibe, lorsque ces ententes ont pour objet ou peuvent avoir pour effet d'empêcher, de restreindre ou de fausser le jeu de la concurrence (l'effet sur la concurrence doit être sensible), sur un marché, les actions concertées, conventions, ententes expresses ou tacites ou coalitions.

À titre d'exemple, cet article 7 prohibe les ententes qui font obstacle à la fixation des prix par le libre jeu du marché en favorisant artificiellement leur hausse ou leur baisse.

Cependant, ces ententes sont autorisées lorsqu'elles répondent aux justifications de l'article 10 (*cf. supra,* à propos du refus de vente).

● LES ABUS DE POSITION DOMINANTE.

L'article 8-1 de l'ordonnance prohibe, lorsque ces abus ont pour objet ou peuvent avoir pour effet d'empêcher, de restreindre ou de fausser le jeu de la concurrence (l'effet sur la concurrence doit être sensible) sur un marché (mêmes conditions que celles de l'article 7), l'exploitation abusive par une entreprise ou un groupe d'entreprises d'une position dominante sur le marché intérieur ou sur une partie substantielle de celui-ci.

À titre d'exemple, le fait d'abuser de sa position dominante sur un marché pour refuser la vente d'un de ses produits à un client est prohibé.

Comme pour les articles 36 (refus de vente) et 7 (ententes), l'abus de position dominante est admis s'il répond aux justifications de l'article 10 *(cf. supra).*

● LES CONCENTRATIONS. L'économie contemporaine entraîne le rapprochement de multiples entreprises et peut, de ce fait, leur donner une position dominante sur un marché et supprimer ainsi toute forme de concurrence. Aussi, ces opérations de concentration, que recouvrent les formes juridiques les plus variées, sont soumises à une procédure particulière.

- **Conditions préalables.** Il faut que les entreprises en cause aient soit réalisé ensemble 25 % de transactions sur le marché qui est le leur, soit totalisé un chiffre d'affaires H.T. de plus de 7 milliards de francs.

- **Procédure proprement dite.** Le ministre de l'Économie peut (il n'en a pas l'obligation) saisir pour avis le Conseil de la concurrence sur tout projet de concentration.
Le Conseil apprécie si ce projet apporte au progrès économique une contribution suffisante pour compenser les atteintes à la concurrence. À la suite de l'avis qu'il rend, le ministre peut soit interdire aux entreprises de donner suite à leur projet, soit leur demander de compléter ou de modifier l'opération afin d'assurer ou de rétablir une concurrence suffisante, soit de subordonner la réalisation de l'opération à l'observation de prescriptions de nature à apporter au progrès économique et social une contribution suffisante pour compenser les atteintes à la concurrence.

  À tout moment, et même si la procédure a été respectée, le ministre de l'Économie, sur demande du Conseil de la concurrence qui a constaté un abus de position dominante, peut enjoindre à l'entreprise ou au groupe d'entreprises ayant réalisé l'opération de concentration de la compléter ou de la résilier.

C / / / LA LIBERTÉ DES PRIX

L'ordonnance de 1986 abroge l'ordonnance du 30 juin 1945 qui habilitait l'Administration à intervenir à tout moment, par voie de simple arrêté, pour fixer les prix pratiqués par les commerçants. Désormais, l'article premier de l'ordonnance dispose que le prix des biens, produits et services relevant antérieurement à l'ordonnance du 30 juin 1945 sont **librement déterminés par le jeu de la concurrence.** Cependant, cette liberté n'est pas totale.

/ / / / / Les produits et services antérieurement exclus de l'ordonnance de 1945 demeurent soumis à un régime de réglementation des prix.
À titre d'exemple, on peut citer le prix des produits agricoles, des services bancaires, des assurances ou de certains loyers.

///// Le gouvernement se réserve la possibilité de réglementer les prix dans plusieurs situations.

- Après consultation du Conseil de la concurrence, dans les secteurs ou les zones où la concurrence par les prix est limitée en raison soit d'une situation de monopole ou de difficultés durables d'approvisionnement, soit de dispositions réglementaires ou législatives.

- À titre temporaire lorsque existent des hausses excessives de prix dues à une situation de crise, à une situation manifestement anormale du marché dans un secteur déterminé ou à des circonstances exceptionnelles.

III

Les obligations du commerçant

Certaines obligations découlent de la qualité de commerçant alors que d'autres sont la conséquence de son activité.

A / / / LES OBLIGATIONS DÉCOULANT DE LA QUALITÉ DE COMMERÇANT

Elles sont au nombre de quatre.

/ / / / / 1 / / L'immatriculation au registre du commerce et des sociétés

Le registre du commerce et des sociétés ● assure la centralisation de la publicité commerciale à l'égard des tiers qui peuvent demander copie des dossiers ouverts au nom de chacun des commerçants ; ● constitue une présomption simple de la qualité de commerçant, ce qui signifie que les tiers peuvent la combattre en apportant la preuve contraire ; ● permet aux sociétés et aux groupements d'intérêt économique de disposer de la personnalité morale.

Ce registre est tenu par le greffier de chaque tribunal de commerce, ● qui note sur un **registre d'arrivée,** chronologiquement, toutes les déclarations déposées par les requérants, ● qui constitue un **dossier individuel** pour chaque commerçant, contenant la déclaration initiale, les déclarations modificatives et la radiation.

Sous peine de sanction pénale, toute personne physique ou morale ayant la qualité de commerçant au regard de la loi française et exerçant son activité commerciale sur le territoire français a **l'obligation de se faire inscrire** au registre du commerce et des sociétés.

Les personnes physiques sont tenues de demander leur inscription dans les quinze jours qui suivent le début de leur activité commerciale. À défaut, elles ne peuvent se prévaloir de la qualité de commerçant à l'égard de tiers. En revanche, elles ne peuvent invoquer un défaut de demande d'inscription pour se soustraire aux obligations inhérentes à la qualité de commerçant.

Les sociétés et les groupements d'intérêt économique ne sont plus tenus à aucun délai. Cependant, c'est seulement à compter de leur immatriculation qu'ils disposent de la personnalité morale.

Les faits ou actes entraînant la modification des mentions inscrites doivent faire l'objet d'une demande d'inscription modificative dans le délai d'un mois. Toute personne physique cessant son activité commerciale ou toute personne morale déclarée nulle faisant l'objet d'une liquidation ou d'une dissolution, ou pour laquelle toutes les parts sont réunies en une seule main, doit faire l'objet d'une demande de radiation dans le délai d'un mois.

La publicité des inscriptions est assurée par le *Bulletin officiel des annonces civiles et commerciales* (B.O.D.A.C.C., décret du 3 juillet 1978).

Enfin, **un numéro d'immatriculation** est attribué à chaque personne assujettie. Le numéro doit obligatoirement figurer sur ses papiers d'affaires.

2 Obligation de tenir une comptabilité

La tenue d'une comptabilité à un triple objectif :

— 1 — **mode de preuve** usuel des opérations commerciales ;

— 2 — **surveillance des opérations commerciales ;**

— 3 — **moyen de vérification fiscale.**

Elle a été rendue obligatoire par une ordonnance de 1673 que le *Code de commerce* (articles 8 à 17) a reprise. Une loi du 30 avril 1983, complétée par un décret du même jour, a remplacé le contenu des dispositions du *Code de commerce.*

Le commerçant doit tenir :

- **Le livre journal.** Il enregistre chacune des opérations qui, quotidiennement, affectent le patrimoine de l'entreprise.
- **Le grand-livre.** Il décrit l'évolution des différents comptes de l'entreprise à partir des écritures du livre journal.
- **Le livre d'inventaire.** Il permet de contrôler, au moins une fois par an, l'existence et le contenu des éléments actifs et passifs du patrimoine de l'entreprise.

Ces documents doivent être établis et tenus sans blanc et aucune forme d'altération (ratures, surcharges, etc.). Le livre journal et le livre d'inventaire sont en outre cotés et paraphés par le greffier du tribunal de commerce.

Au vu de ces divers livres, le commerçant doit établir à la clôture de chaque exercice, c'est-à-dire annuellement, des documents de synthèse.

- **Le bilan.** Il décrit séparément les éléments actifs et passifs de l'entreprise.
- **Le compte de résultats.** Il récapitule les produits et les charges de l'exercice en faisant apparaître le bénéfice ou les pertes de l'exercice.
- **L'annexe.** Il complète et commente les informations fournies par le bilan et le compte de résultats.

L'ensemble de ces documents doit être établi en francs et en langue française. Ils doivent être conservés ainsi que les pièces justificatives pendant dix ans.

La tenue de la comptabilité selon les formes légales est obligatoire, au risque de sanctions pénales. Cependant, elle ne dispose pas d'une valeur probante incontestable.
Dans les contestations entre commerçants, sa valeur probante n'est pas absolue en raison du principe de liberté de la preuve en matière commerciale. Le juge peut donc refuser d'y trouver la preuve suffisante d'une affirmation.
Dans les contestations entre commerçants et non-commerçants, les premiers ne peuvent opposer leurs documents comptables aux seconds, ceux-ci ne font pas preuve contre les personnes non commerçantes (article 1329 du *Code civil*). Elle n'a valeur que de serment supplétoire.

/////3// Obligation d'avoir un compte en banque

Sous peine d'une amende fiscale, le commerçant doit avoir un compte dans une banque ou un centre de chèques postaux. Cette obligation a pour but de faciliter le règlement par chèque ou par virement.

/////4// Obligation de publier son régime matrimonial

Les tiers peuvent avoir intérêt à connaître le régime matrimonial du commerçant ; il fixe l'étendue de leur garantie. Deux situations sont à considérer.

— **1** — Publicité du contrat quand l'un des **futurs époux** est commerçant. Le notaire doit envoyer, dans le mois, une déclaration mentionnant le régime matrimonial au greffier détenteur du registre du commerce et des sociétés.

— **2** — Publicité du contrat quand l'un des époux devient commerçant **pendant le mariage.** C'est à cet époux, et non plus au notaire, qu'incombe cette obligation dans un délai de quinze jours.

Le défaut de publication entraîne **l'inopposabilité** aux tiers du régime matrimonial. On applique alors les règles de la communauté légale (articles 1400 et suivants du *Code civil*).

B / / / LES OBLIGATIONS DÉCOULANT DE L'ACTIVITÉ COMMERCIALE

Parmi les obligations mises à la charge du commerçant :

- **Obligations fiscales.** Déclaration et paiement des différents impôts et taxes (T.V.A., taxe professionnelle, taxe d'apprentissage, impôt sur les bénéfices industriels et commerciaux, etc.).
- **Obligation de concurrence loyale.** *(Cf. supra.)*
- **Obligation vis-à-vis des consommateurs.** *(Cf. infra.)*
- **Obligations sociales.** Acquittement des charges sociales (maladie, vieillesse, allocations familiales). Si le commerçant est en outre employeur, il est tenu d'observer les prescriptions des codes du travail et de la Sécurité sociale à l'égard de ses employés.
- **Obligations en cas d'achat et de vente d'un fonds de commerce.** *(Cf. infra.)*
- Etc.

IV
Le fonds de commerce

Le fonds de commerce est un ensemble d'éléments corporels et incorporels mobiliers que le commerçant groupe afin d'exercer son activité. La loi ne définit pas le fonds de commerce, qui est donc une notion jurisprudentielle.

A / / / NOTION

/ / / / / Le fonds de commerce est un ensemble d'éléments mobiliers

Le fonds de commerce est un ensemble d'éléments **mobiliers** comprenant le plus souvent : le nom commercial, la clientèle, l'enseigne, les marques de fabrique, le droit au bail, les marchandises,... Cet ensemble constitue un **bien distinct** des éléments qui le composent ; cette idée de bien distinct est apparue à la fin du XIXe siècle, mais c'est seulement après la crise de 1929 qu'elle s'est imposée. Elle a permis de régler les problèmes de vente, de succession,...

Le fonds de commerce est un bien qui peut avoir une **grande valeur économique et financière.** Chaque année, les transactions relatives aux fonds de commerce représentent plusieurs milliards de francs.

/ / / / / Le fonds de commerce est lié à l'activité commerciale

Pour exercer une activité commerciale, il faut posséder un fonds de commerce. Cette notion doit être distinguée des notions d'entreprise et de société.

a / Fonds de commerce et entreprise

La loi ne donne pas de définition de **l'entreprise,** mais on peut la définir comme une organisation autonome qui combine des facteurs humains et économiques pour produire des biens et des services. La notion d'entreprise est donc plus large que la notion de fonds de commerce.
Un petit commerçant, à la tête d'une entreprise individuelle, peut employer du personnel ; il aura souvent un seul fonds de commerce. Mais les entreprises plus importantes peuvent elles avoir plusieurs fonds de commerce entièrement distincts.

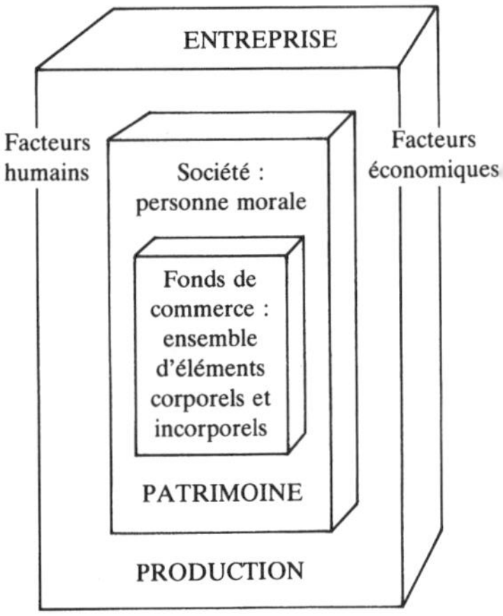

b / Fonds de commerce et société

Le fonds de commerce se distingue de la **notion de société.** Celle-ci a la personnalité juridique, un patrimoine, un nom, un domicile, une nationalité, elle est donc un sujet de droit.

Il arrive parfois que ces notions se superposent dans le cas d'un entrepreneur individuel, travaillant seul et ayant créé une société unipersonnelle à responsabilité limitée, mais sans être confondues.

B / / / LES ÉLÉMENTS DU FONDS DE COMMERCE

On distingue les éléments incorporels (clientèle, nom commercial, enseigne, marques, brevets d'invention, dessins et modèles, droit au bail) des éléments corporels (matériels et marchandises).

1 / / La clientèle

C'est l'ensemble des personnes qui achètent habituellement des biens ou des services chez un commerçant. C'est **l'élément essentiel : sans clientèle, il n'y a pas de fonds de commerce.** Un petit nombre de clients peut constituer dans certains cas une clientèle.

Exemple de petites entreprises sous-traitantes d'une grosse entreprise : un fabricant d'essuie-glaces fournisseur de Renault

Il appartient aux tribunaux d'apprécier l'existence d'une clientèle, qui doit être réelle et actuelle.

//////2// Le nom commercial

C'est le nom sous lequel un commerçant exerce son activité. Il peut choisir :

- **Son propre nom patronymique,** même si celui-ci est déjà utilisé par un autre fonds. Pour éviter toute confusion, le juge peut ordonner l'adjonction du prénom. La femme mariée peut prendre le nom patronymique de son conjoint comme nom commercial, mais en cas de divorce le mari peut s'opposer à la conservation de l'usage de son nom. La **femme divorcée** peut demander au juge l'autorisation de continuer à porter le nom de son mari en justifiant d'un **intérêt légitime.**
- **Un nom de fantaisie.**

Avant de choisir un nom commercial, il est prudent d'**effectuer une recherche à l'I.N.P.I.** (Institut national de la propriété industrielle) pour s'assurer qu'il n'est pas déjà utilisé dans la zone géographique où va s'exercer l'activité commerciale.

L'utilisation d'un nom commercial déjà enregistré peut donner lieu à **une action en concurrence déloyale. Une action en publicité mensongère** pourra, en outre, être engagée si le nom commercial est susceptible d'induire en erreur le public. Enfin, l'usage d'un **nom commercial notoire** peut être interdit sur la base d'une action en abus de droit.

//////3// L'enseigne

Constitue une enseigne toute **inscription forme ou image** qui sert à individualiser le fonds de commerce. Elle est souvent identique au nom commercial. (Voir collection DEGE, *Droit et publicité.*)

//////4// Les marques

a/ Définition

Constitue une marque **tout signe distinctif** qui sert à identifier un produit et à le distinguer des **produits concurrents.** La marque est un élément essentiel de la stratégie des entreprises ; elle est un moyen de fidéliser une clientèle.

Seul le **dépôt,** suivi de l'**enregistrement,** permet de s'opposer à ce que la marque soit utilisée par des concurrents. La **marque déposée** peut être vendue, apportée en société, louée à une seule personne (licence exclusive) ou à plusieurs (licence non exclusive), gagée,...

b/ Qui peut déposer une marque ?

Toute personne physique ou morale peut déposer une marque, quelle que soit la taille de son entreprise.

c / Quelle marque déposer ?

Le déposant doit choisir un signe aussi attractif que possible pour le consommateur et qui réponde aux conditions définies par la loi.

Source : I.N.P.I.

● **Seul un signe matériel peut être déposé comme marque.**

— Soit un **signe verbal.** C'est-à-dire un signe qui peut s'écrire ou se prononcer, tel qu'un patronymique, un pseudonyme, un nom géographique, une dénomination arbitraire ou de fantaisie (dénomination créée de toute pièce ou détournée de sa signification usuelle), une devise, des chiffres, lettres, initiales, monogramme.
Ex^{s}. : « MARTELL » pour un cognac, « N° 5 » pour un parfum, « INVITATION » pour de la laine à tricoter, « BONUX LA LESSIVE AUX CADEAUX » pour une lessive.

— Soit un **signe figuratif.** C'est-à-dire un signe constitué par un dessin, un modèle ou des couleurs tel qu'un emblème, une étiquette, une vignette, la forme du produit ou de son emballage, les combinaisons ou dispositions de couleurs.

— Soit un **signe complexe.** C'est-à-dire un signe constitué d'une combinaison ou juxtaposition de signes verbaux et de signes figuratifs.
Le dépôt ne peut porter sur des signes auditifs ou olfactifs.

Source : I.N.P.I.

● Ce signe doit être distinctif.
Il ne doit pas être exclusivement composé de mots ou d'expressions communément ou naturellement employés pour désigner le produit ou service (ex. : « ARMOIRES » pour des armoires), ou la catégorie à laquelle ils appartiennent (ex. : « MEUBLES » pour des armoires).

Il ne doit pas non plus exclusivement décrire ou qualifier le produit ou service, c'est-à-dire se borner à en indiquer la composition ou la qualité essentielle (ex^{s}. : « FRAISES DE PLOUGASTEL » pour des bonbons, « TAMISÉE » pour de la farine, « NATURE » pour des produits de beauté et de soins, « VOÛTE PLANTAIRE SUSPENDUE » pour des chaussures, « L'ACTUALITÉ » pour des journaux, des revues et des services de spectacles, d'éditions et de divertissements). En effet, de tels signes doivent rester à la disposition de tous les concurrents.

● Ce signe ne doit pas être interdit par la loi.
La loi interdit d'une manière générale les signes susceptibles de tromper le public sur la nature ou l'origine du produit ou du service (ex^{s}. : « BEURRAX » pour de la margarine, « SERVI-FRAIS » pour des produits surgelés, « CAPILLOSERUM DESLOIRES » pour un produit capillaire qui n'est pas un sérum pharmaceutique).

Elle interdit aussi les signes contraires aux bonnes mœurs ou à l'ordre public. L'ordre public doit être notamment apprécié par référence aux conventions internationales, lois et règlements concernant l'usage de certains mots tels que « docteur », « château », « cru », « domaine », ou d'autres signes reproduisant en tout ou partie les emblèmes, armoiries, drapeaux d'États ou d'organismes internationaux, la Croix-Rouge, les poinçons officiels.

● Ce signe ne doit pas porter atteinte aux droits d'autrui.
Le signe ne doit pas reproduire ou imiter une autre marque déposée antérieurement pour les mêmes produits ou services, voire des produits ou services voisins.
Rien en principe ne s'oppose à ce que deux marques identiques coexistent régulièrement dès lors qu'elles concernent des produits ou services différents (ex^{s}. : « MONT BLANC » pour des produits alimentaires et « MONT BLANC » pour des articles de papeterie, ou « JOKER » pour des boissons et « JOKER » pour des articles de pêche).

La tendance est toutefois d'accepter une exception à cette règle lorsqu'une marque est susceptible de prêter à confusion avec une marque qui bénéficie d'une grande réputation et est largement connue du public (ex^{s}. : « WATERMAN » pour des stylos et des lames de rasoir, « AGENOR » pour des pruneaux et un restaurant).

Le signe ne doit pas non plus reproduire un nom patronymique rare ou célèbre, un nom commercial désignant une entreprise ayant un rayonnement national, une œuvre littéraire ou artistique.

Il est donc indispensable que le futur déposant effectue une recherche d'antériorité. Ces recherches peuvent être faites à l'I.N.P.I. tant pour les marques que pour les noms commerciaux.

d / Comment la marque est-elle protégée ?

Après **dépôt à l'I.N.P.I. ou au greffe du tribunal de commerce** dans le ressort duquel le déposant est domicilié, et paiement des taxes d'enregistrement, une protection contre toute atteinte, soit **contrefaçon,** soit **imitation illicite** de la marque, est assurée sur l'ensemble du territoire pendant **dix ans** — la protection est renouvelable. Il est également possible d'étendre la protection à l'étranger (se renseigner à l'I.N.P.I.).

● Une protection contre toute atteinte, soit contrefaçon, soit imitation illicite de la marque sur l'ensemble du territoire.

L'enregistrement permet d'interdire aux tiers de déposer ou d'utiliser sans autorisation, sous quelque forme que ce soit, la marque ou l'un de ses éléments caractéristiques pour les mêmes produits ou services.

Il y a contrefaçon lorsque la marque ou l'une de ses parties caractéristiques est reproduite à l'identique. Peu importe que le contrefacteur soit ou non de bonne foi ou qu'il y ait ou non un risque de confusion entre les produits ou services.

Ont été reconnues contrefaites les marques « BACCARA » par BACARA, « CARREFOUR » par CARREFOUR DU BÂTIMENT, « CARDIAQUINE » par CARDIOQUINE, « PÉRISCOPE » par PARISCOPE, « FLOTEX » par FILOTEX.

Il y a imitation illicite lorsque est réalisé un rapprochement plus ou moins caractérisé avec une marque antérieure et qu'il peut en résulter un risque de confusion pour « le consommateur d'attention moyenne qui n'a pas les deux marques simultanément sous les yeux ».

Le risque de confusion peut provenir d'une similitude verbale ou nominative (ressemblance graphique ou phonétique), d'une similitude figurative, d'une similitude intellectuelle (association d'idées).

L'imitation s'apprécie en tenant compte des ressemblances d'ensemble et non des différences de détail.

Ont été jugées imitées les marques « SORTILÈGE » par SPORTILÈGE, « JAZ » par MAZ, « MINEFIL » par MIRIFIL, « TAILLE FINE » par MINI-TAILLE, « PRONTO » par SUBITO, « LA VACHE QUI RIT » par LA VACHE SÉRIEUSE.

● Une protection énergiquement sanctionnée par les tribunaux.

Le contrefacteur ou l'imitateur se verra interdire l'usage de la marque contrefaite ou imitée. Cette interdiction sera éventuellement assortie d'une astreinte — obligation de verser une certaine somme d'argent par jour de retard — de dommages-intérêts, de la confiscation ou destruction des objets contrefaisants, et de la publication du jugement dans les journaux.

Lorsque le tribunal correctionnel est saisi, il peut en outre prononcer une peine d'amende et d'emprisonnement de quinze jours à trois ans. Ces peines peuvent être doublées en cas de récidive.

Le titulaire de la marque dispose de tous les moyens de preuves usuels pour prouver la contrefaçon. Il dispose également d'un moyen de preuve spécifique : la saisie-contrefaçon.

Sur requête du propriétaire de la marque enregistrée, le président du tribunal de grande instance du lieu où la saisie doit être effectuée fera procéder par huissier soit à une saisie descriptive, soit à une saisie réelle des produits contrefaisants. Dans un délai de quinze jours après la saisie, le demandeur doit assigner le saisi devant le tribunal correctionnel ou le tribunal de grande instance. À défaut, la saisie serait nulle et le saisi pourrait demander des dommages-intérêts.

● Une protection qui peut être perpétuelle sous réserve d'un renouvellement tous les dix ans et d'une certaine exploitation.

La protection de la marque enregistrée court à compter de la date de dépôt de la demande d'enregistrement et expire dix années après cette date. Les dépôts successifs en renouvellement permettent de prolonger indéfiniment cette protection, sous réserve qu'ils soient effectués avant l'expiration du dépôt précédent ou, sous certaines conditions, dans un délai de grâce de six mois.

La durée de la protection peut toutefois être écourtée si la marque n'est pas exploitée de façon publique et non équivoque. En effet, sur demande de toute personne y ayant intérêt, les tribunaux peuvent déclarer déchu de ses droits le titulaire de la marque s'il n'est pas en mesure de prouver soit qu'il l'a exploitée ou fait exploiter pendant les cinq années précédant la demande en déchéance, soit qu'une excuse légitime justifie ce défaut d'exploitation.

I.N.P.I. 26 bis, rue de Leningrad, 75800 Paris Cedex 08.

///// 5 // Les brevets d'invention

a / Définition

Un brevet d'invention est un titre délivré sur demande par l'État (I.N.P.I.). Il décrit une invention et crée une situation juridique selon laquelle l'invention brevetée ne peut être exploitée (fabriquée, utilisée, vendue, importée) sans l'autorisation du propriétaire du brevet.

b/ Les trois types de protection

LE BREVET D'INVENTION	LE CERTIFICAT D'UTILITÉ	LE CERTIFICAT D'ADDITION
Il assure une protection de **vingt** ans à compter de la date du dépôt de la demande, sous réserve du paiement de taxes annuelles pour son maintien en vigueur. C'est de beaucoup le titre de protection le plus important.	Il diffère du brevet en ce qu'il n'accorde qu'une protection d'une durée limitée à **six** ans et n'est pas assorti d'un avis documentaire. En revanche, comme le brevet, il donne lieu au paiement de taxes annuelles.	Il permet au titulaire d'un brevet ou d'un certificat d'utilité de protéger un perfectionnement à l'invention principale. Il ne donne pas lieu au paiement de taxes annuelles, mais il expire en même temps que le titre principal auquel il est rattaché.

c/ L'invention est-elle brevetable ?

Selon la loi, sont brevetables les inventions nouvelles impliquant une activité inventive et susceptible d'application industrielle.

LA NOUVEAUTÉ	L'ACTIVITÉ INVENTIVE	L'APPLICATION INDUSTRIELLE
« Une invention est considérée comme nouvelle si elle n'est pas comprise dans l'état de la technique. L'invention ne doit jamais avoir été portée à la connaissance du public avant la date de dépôt. »	« Une invention est considérée comme impliquant une activité inventive si pour un homme de métier elle ne découle pas d'une manière évidente de l'état de la technique. »	« Une invention est considérée comme susceptible d'application industrielle si son objet peut être fabriqué ou utilisé dans tout genre d'industrie, y compris l'agriculture. »

d/ Comment l'invention est-elle protégée ?

Le bénéficiaire du brevet peut engager une **action en contrefaçon** devant le tribunal de grande instance contre tout contrefacteur.

/////6// Les dessins et modèles

a/ Définitions

DESSIN	MODÈLE
« Le dessin est un assemblage de traits ou de couleurs opéré sur une surface quelconque et produisant un effet décoratif original. »	« Le modèle est une création de forme ou d'ornement appliquée à des objets à trois dimensions. »

b/ L'étendue de la protection

La protection des dessins et modèles s'applique à tout dessin nouveau, toute forme plastique nouvelle, et concerne principalement les domaines où la recherche de la forme et de l'esthétique est primordiale (bijouterie, jouet, emballage, automobile, électroménager,...).

c / Remarque

La loi du 11 mars 1957 sur la propriété littéraire et artistique accorde, sans formalité de dépôt, une protection à toutes les œuvres de l'esprit, quels qu'en soient le genre, la forme d'expression, le mérite ou la destination, mais à condition qu'elles soient originales. Son domaine recouvre en grande partie celui de la loi de 1909 et permet ainsi à tout créateur de protéger indépendamment ou de façon cumulative un grand nombre de dessins ou de modèles.

///// 7 // *Les éléments corporels*

Matériel et outillage. Ils servent à l'exploitation du commerce. Si ces biens sont devenus immeubles par destination, ils ne font pas partie du fonds.
Marchandises. Ce sont les stocks de matières premières et produits finis destinés à la vente.

NOTE. **Le droit au bail.** Cet élément du fonds de commerce fait l'objet d'une étude détaillée dans le chapitre suivant.

C / / / LA NATURE JURIDIQUE DU FONDS DE COMMERCE

- **Le fonds de commerce constitue un bien distinct des éléments qui le composent.** Il peut donc être vendu, loué, donné en gage en tant que bien distinct. Mais il ne fait pas disparaître l'individualité de chacun de ses éléments qui peuvent aussi être vendus séparément.

- **Le fonds de commerce est un bien incorporel de caractère mobilier.** Il est donc soumis au régime des biens mobiliers, mais avec une protection supplémentaire en cas de vente et de nantissement. Ce caractère mobilier doit être souligné : le fonds de commerce ne comprend **jamais d'immeubles.** Les murs, c'est-à-dire la boutique dans laquelle est exercée l'activité commerciale, ne font pas partie du fonds, même si le commerçant est propriétaire de l'immeuble.

En cas de vente du fonds de commerce, deux situations peuvent se présenter. **— 1 —** Le vendeur du fonds est propriétaire des murs et veut vendre le tout, il devra faire deux actes de vente : la vente du fonds et la vente de l'immeuble, avec deux prix bien distincts. Il peut aussi ne vendre que le fonds; il restera propriétaire de l'immeuble et le nouvel acquéreur devra conclure avec lui un contrat de location (bail) et payer un loyer. **— 2 —** Le vendeur du fonds est locataire des murs : le droit au bail faisant partie du fonds sera vendu avec le fonds. Le propriétaire de l'immeuble ne pourra pas refuser de reconduire le bail avec le nouvel acquéreur.

V Le droit au bail

Le propriétaire d'un fonds de commerce est rarement propriétaire de l'immeuble dans lequel s'exerce son activité commerciale. Un contrat de bail doit alors être signé entre le propriétaire de l'immeuble (le bailleur) et le propriétaire du fonds (le locataire).
La loi assure la protection du locataire principalement dans deux circonstances. ● Au terme du contrat, le locataire a droit au renouvellement de son bail. Le propriétaire peut refuser, mais à condition de verser au locataire une indemnité d'éviction égale à la valeur du fonds de commerce. (L'importance des sommes à verser dissuade dans la quasi-totalité des situations le propriétaire.) ● Au moment de la vente du fonds de commerce, le droit au bail est transféré au nouvel acquéreur sans que le propriétaire puisse s'y opposer.

A / / / GÉNÉRALITÉS

1 Durée, forme et prix du loyer

La durée du contrat de location ne peut être inférieure à neuf ans. Le locataire peut donner congé à la fin de chaque période triennale (au bout de **3 ans, 6 ans** et **9 ans**), à condition de respecter un délai de préavis de six mois. Néanmoins, lors de l'entrée dans les lieux, les parties au contrat peuvent déroger à la durée légale de neuf ans et conclure un **bail d'occupation de courte durée,** pour une **durée maximale de deux années.** Ce bail, ou **convention d'occupation précaire,** n'est possible que pour le premier contrat. Le locataire ne bénéficie pas du maintien dans les lieux à la fin de ce type de convention précaire.

Le droit au bail peut être verbal, mais il prend le plus souvent **la forme d'un acte sous seing privé.** Un acte authentique (notarié) est obligatoire pour les baux d'une durée supérieure à douze ans.

Le prix du loyer est librement négocié lors de la conclusion du contrat, puis **révisé tous les trois ans.** La loi fixe un **maximum d'augmentation** calculé en fonction de la **variation** de l'**indice trimestriel du coût de la construction** (établi par l'**I.N.S.E.E.**) pour la période triennale. Les conflits entre bailleur et locataire sont soumis au président du tribunal de grande instance.

REMARQUE. Le loyer peut subir une **augmentation supérieure à celle de l'indice** dans les situations suivantes : ● Les **facteurs locaux de commercialisation ont changé** et justifient une augmentation de plus de 10 % de la valeur locative. Exemple de modification de facteurs locaux de commercialisation : la rénovation d'un quartier, l'arrivée du métro dans une ville, la construction d'un lycée. ● La **déspécialisation** (totale ou partielle) justifie l'augmentation du loyer *(cf. infra).*

/////2// La cession de bail

Il convient de distinguer les deux notions ci-après.

— 1 — **La location gérance (ou gérance libre).** C'est un contrat de bail conclu entre le propriétaire d'un fonds de commerce (bailleur) et une personne **(sous-locataire)** qui désire exercer une activité commerciale sans être obligée d'acheter le fonds de commerce et le droit au bail. Cette formule constitue un bon moyen pour acquérir une expérience, mais à la fin de la location, le renouvellement et le maintien dans les lieux ne sont pas assurés.

— 2 — **La cession de bail (vente).** C'est un contrat par lequel le commerçant cède son droit au bail (lors de la vente de son fonds de commerce) à un acheteur, le **cessionnaire.** Le vendeur n'est plus locataire, le droit au bail est transféré au cessionnaire.

REMARQUE. La **location gérance** est soumise à l'**accord** du propriétaire des murs (bailleur), alors que la **cession de bail ne l'est pas.**

/////3// La destination des lieux et la déspécialisation

Le contrat de bail contient une clause dans laquelle l'**activité du commerce** est en général clairement définie.

À titre d'exemple : alimentation générale, boucherie-charcuterie, etc.

Le **changement de destination des lieux ne peut se faire qu'avec l'accord du bailleur,** car il s'agit d'une modification du contrat. Le locataire qui désire modifier son activité doit respecter une procédure, et il convient de distinguer la **déspécialisation partielle** de la **déspécialisation totale.**

a/ La déspécialisation partielle

Le locataire peut adjoindre à l'activité prévue au bail des activités connexes ou complémentaires. À cette fin, il doit faire connaître son intention au propriétaire par acte extrajudiciaire, en indiquant les activités pour l'exercice envisagé. Cette formalité vaut mise en demeure du propriétaire de faire connaître dans un délai de deux mois, à peine de déchéance, s'il conteste le caractère connexe ou complémentaire de ces activités. En cas de contestation, le tribunal de grande instance, saisi par la partie la plus diligente, se prononce en fonction notamment de l'évolution des usages commerciaux.

Lors de la première révision triennale suivant la notification visée à l'alinéa précédent, il pourra être tenu compte, pour la fixation du loyer, des activités commerciales adjointes, si celles-ci ont entraîné une modification de la valeur locative des lieux loués.

b / La déspécialisation totale

Le locataire peut être autorisé à exercer une activité différente de celle prévue au bail, si sa demande est motivée par la conjoncture économique (crise économique) et si la nouvelle activité est compatible avec la destination, les caractères et la situation de l'immeuble dans lequel est exploité le fonds de commerce.

La demande faite au bailleur doit, à peine de nullité, comporter l'indication des activités pour l'exercice envisagé. Elle est formée par acte extrajudiciaire et dénoncée, en la même forme, aux créanciers inscrits sur le fonds de commerce. Ces derniers pourront demander que le changement d'activité soit subordonné aux conditions de nature à sauvegarder leurs intérêts.

À défaut par le bailleur d'avoir, dans les trois mois de la demande, signifié son refus, son acceptation ou encore les conditions auxquelles il subordonne son accord, **il sera réputé avoir acquiescé à la demande.**

Le changement d'activité peut motiver le paiement, à la charge du locataire, d'une **indemnité égale au montant du préjudice dont le bailleur établirait l'existence.** Ce dernier peut, en outre, en contrepartie de l'avantage procuré, demander au moment de la transformation la modification du **prix du bail.**

REMARQUE. Le **tribunal de grande instance** peut autoriser la transformation totale ou partielle, malgré le **refus du bailleur,** si ce refus n'**est pas justifié par un motif grave et légitime.**

B / / / RENOUVELLEMENT DU BAIL

/ / / / / 1 / / Le droit au renouvellement

Ce droit appartient au locataire propriétaire du fonds de commerce (et non au sous-locataire), à condition que le fonds ait été exploité de façon réelle et régulière depuis au moins trois années.

Le locataire peut renoncer à son droit.

REMARQUE. L'acquéreur d'un fonds de commerce peut ajouter à son temps d'exploitation celui de son vendeur.

///// 2 // *L'exercice du droit au renouvellement à l'expiration du bail*

Trois situations peuvent se présenter.

— **1** — **Le bailleur donne congé avec offre de renouvellement.** Le prix du nouveau loyer sera fixé, en cas de désaccord, par le juge des baux commerciaux.

— **2** — **Le locataire fait une demande de renouvellement de son bail** et le bailleur l'accepte. À défaut d'avoir répondu à la demande de renouvellement dans les trois mois, le bailleur est réputé avoir accepté le principe du renouvellement.

— **3** — **Le bailleur refuse le renouvellement.** Le bailleur peut refuser le renouvellement du bail. Toutefois, il devra, sauf exceptions (voir ci-dessous), payer au locataire évincé une **indemnité dite d'éviction** égale au préjudice causé par le défaut de renouvellement.

> (*L. n°* 57-6 *du 5 janv.* 1957) « **Cette indemnité comprend notamment** la valeur marchande du fonds de commerce, déterminée suivant les usages de la profession, augmentée éventuellement des frais normaux de déménagement et de réinstallation, ainsi que des frais et droits de mutation à payer pour un fonds de même valeur, sauf dans le cas où le propriétaire fait la preuve que le préjudice est moindre. »

Le montant de l'indemnité devrait dissuader le bailleur d'exercer son « droit au refus » de renouveler le bail...

REMARQUE. **La loi a prévu un certain nombre de situations où le bailleur peut légitimement refuser le renouvellement du bail sans avoir à verser l'indemnité d'éviction.**

> (*L. n°* 60-783 *du* 30 *juill.* 1960) « Le bailleur peut refuser le renouvellement du bail sans être tenu au paiement d'aucune indemnité :
> « 1° **S'il justifie d'un motif grave et légitime à l'encontre du locataire sortant.** Toutefois, s'il s'agit soit de l'inexécution d'une obligation, soit de la cessation sans raison sérieuse et légitime de l'exploitation du fonds, l'infraction commise par le preneur ne pourra être invoquée que si elle s'est poursuivie ou renouvelée plus d'un mois après mise en demeure du bailleur d'avoir à la faire cesser.
> « 2° **S'il est établi que l'immeuble doit être totalement ou partiellement démoli** » comme étant en état d'insalubrité reconnue par l'autorité administrative ou s'il est établi qu'il ne peut plus être occupé sans danger en raison de son état.
> En cas de reconstruction par le propriétaire ou son ayant droit d'un nouvel immeuble comprenant des locaux commerciaux, le locataire aura droit de priorité pour louer dans l'immeuble reconstruit. »

TITRE 3

L'entreprise sociétaire

I - Les conditions de validité du contrat de société

II - La société, personne morale

III - La classification des sociétés

I

Conditions de validité du contrat de société

Pour être juridiquement valable, le contrat de société doit :

● ***Respecter** les conditions essentielles définies par l'article 1108 du* Code civil, *relatives à la validité des conventions (le consentement de la partie qui s'oblige ; sa capacité de contracter ; un objet certain qui forme la matière de l'engagement ; une cause licite dans l'obligation).*

● ***Contenir** les quatre éléments spécifiques du contrat de société (pluralité d'associés, mise en commun d'apports, recherche de bénéfices et contribution aux pertes, volonté de collaboration des associés ou* affectio societatis*).*

● ***Être accompagné** des formalités énumérées par la loi (signature de statuts, publicité, immatriculation au registre de commerce et des sociétés, etc.).*

A / / / LE RESPECT DES RÈGLES ESSENTIELLES

1 / / Le consentement des associés

Le consentement est l'adhésion d'un associé aux propositions faites par l'autre ou les autres associés. Le consentement implique l'accord de volonté entre les associés.

Le contrat de société ne doit pas être entaché **d'un vice du consentement.**

ERREUR	VIOLENCE	DOL
L'erreur peut être la cause de la nullité du contrat de société dans deux cas. • Erreur sur l'objet du contrat. Exemple : un associé adhère à une société de personnes alors qu'il croit adhérer à une S.A.R.L. • Erreur sur la personne avec qui l'on contracte lorsque la considération de la personne est essentielle. Exemple : fausse appréciation des qualités de moralité d'un associé.	La violence, morale ou physique, est celle de nature à « faire impression sur une personne raisonnable » pour l'obliger à contracter contre son gré. C'est aux tribunaux d'apprécier.	Le dol est toute manœuvre frauduleuse (tromperies, mensonges) dont une personne use pour en tromper une autre. Le dol est cause de nullité quand les manœuvres frauduleuses ont été telles que sans elles le contrat n'eût pas été signé. Exemple : exagération de l'importance et des chances de succès d'une entreprise.

REMARQUE. La nullité d'une S.A.R.L. ou d'une S.A. ne peut résulter ni d'un vice du consentement ni de l'incapacité, à moins que celle-ci n'atteigne **tous les associés fondateurs.**

/////2// La capacité des associés

« Toute personne peut contracter si elle n'en est pas déclarée incapable par la loi. » — (art. 1123 du *Code civil*). Les mineurs non émancipés et les majeurs protégés sont incapables légalement de contracter.

• Les mineurs

Le *Code de commerce* dans son article 2 stipule que le « **mineur, même émancipé, ne peut être commerçant** ».

REMARQUE. **Un mineur émancipé** peut participer aux sociétés dans lesquelles les associés n'ont pas la qualité de commerçant. Il peut être associé (dans une S.A. ou une S.A.R.L.), gérant, administrateur ou membre du directoire. Il ne pourra, en revanche, être associé dans une société en nom collectif, ou commandité dans une société en commandite simple ou par actions.

Le mineur non émancipé peut participer aux sociétés anonymes et aux S.A.R.L., mais il n'agit pas personnellement. L'administrateur légal ou le tuteur souscrit les parts sociales ou les actions au nom du mineur. L'autorisation du juge des tutelles ou du conseil de famille est nécessaire pour certains apports (apports d'immeubles, de fonds de commerce, etc.).

• Les majeurs protégés

Pour faire un acte valable, il faut être sain d'esprit. C'est à ceux qui agissent en nullité pour insanité d'esprit de prouver l'existence d'un trouble mental au moment de la conclusion du contrat de société.

Du vivant de l'individu, l'action en nullité ne peut être exercée que par lui ou par son tuteur ou curateur. L'action s'éteint dans le délai de cinq ans. (*Cf.* art^{s}. 488 à 514 du *Code civil.*)

● *Les personnes morales*

Les sociétés civiles ou commerciales dotées de la personnalité morale, les G.I.E., sous certaines conditions, peuvent être les associés d'une autre société.

● *Incompatibilités*

Il est interdit à certaines professions d'exercer une activité commerciale. Les avocats, les fonctionnaires, les architectes, les notaires, les huissiers, etc., ne peuvent être commerçants (associés dans une société de personnes ou commandités). Ils peuvent, comme nous l'avons étudié pour les mineurs, être actionnaires dans une S.A., associés dans une S.A.R.L. ou commanditaires.

● *Les étrangers*

Ils peuvent être commerçants à condition que leur pays d'origine les y autorise et qu'ils aient signé avec la France un **accord de réciprocité.** Ils doivent obtenir une **carte de commerçant étranger,** sauf s'ils sont ressortissants de la C.E.E. ou titulaires de la carte de résident (cette carte, attribuée aux étrangers qui justifient d'une résidence ininterrompue d'au moins trois ans en France, est valable dix ans).

3 *L'objet de la société*

L'objet du contrat est l'activité que les contractants désirent réaliser. L'objet est obligatoirement précisé dans les statuts de la société, et **doit être déterminé de façon :**

- **Claire.** Les formules générales et imprécises sont refusées. Exemple d'objet refusé : « Toutes opérations d'achat et vente. »
- **Possible.** L'objet doit être dans le commerce pour pouvoir être vendu, acheté, loué,...
- **Licite.** L'activité réelle de l'entreprise ne doit pas être contraire à l'ordre public et aux bonnes mœurs (contrebande, cercles de jeux).

Si ces conditions ne sont pas remplies, la nullité de la société sera prononcée (objet impossible ou illicite) ou une régularisation sera demandée (objet peu explicite).
Des sanctions pénales pourront être prononcées contre les associés d'une société illicite.

//////4// La cause du contrat de société

La cause est le motif, la raison qui pousse les parties à contracter. Comme pour l'objet, la cause doit être possible, licite et réelle.

Une société peut être annulée pour défaut de cause.

B / / / LES QUATRE ÉLÉMENTS DU CONTRAT DE SOCIÉTÉ

////// 1// Pluralité d'associés

Mise à part l'E.U.R.L. (entreprise **uni**personnelle à responsabilité limitée), une société ne peut se constituer que si deux personnes au moins en conviennent. La loi fixe à **sept** le minimum d'associés pour constituer une S.A., à **quatre** (dont trois commanditaires) le nombre minimal d'associés dans une société en commandite par actions.
La loi, en revanche, ne limite pas le nombre maximal d'associés (sauf pour les **S.A.R.L.** dans lesquelles leur nombre est limité à **cinquante**).

//////2// Les apports en société

Les apports sont des biens que les associés *apportent* à la société.
Une société ne saurait exister en l'absence de deux apports au moins (E.U.R.L. exceptée). Tout apport fictif peut entraîner la nullité du contrat de société. Les apports peuvent être d'inégale importance. Exemple d'apports fictifs : apport d'un bien incessible, d'un bien sans valeur ou gagé à 100 %.

On distingue plusieurs types d'apports.

a / Les apports en numéraire

Il s'agit des apports en argent qui ont leur contrepartie au bilan dans le compte « capital ». Il ne faut pas les confondre avec les prêts que pourraient consentir les associés à leur société. Dans ce cas, l'associé devient créancier de l'entreprise. Si celle-ci à la suite de difficultés financières était mise en règlement judiciaire ou en liquidation de biens, l'associé perdrait ses apports en numéraire, mais pourrait faire valoir sa créance au même titre que les autres créanciers de la société.

b / Les apports en nature

Les apports en nature portent soit sur des biens corporels (immeubles, meubles), soit sur des biens incorporels (fonds de commerce, brevets d'invention, créances,...). Ils peuvent être effectués de trois façons.

	APPORTS EN PROPRIÉTÉ	APPORTS EN JOUISSANCE	APPORTS EN USUFRUIT
DÉFINITION	Apport réalisé par le transfert à la société du droit de propriété de l'apporteur sur le bien et par la mise de ce bien à la disposition effective de la société — les apports en propriété sont soumis au régime de la vente.	Apport réalisé par la mise d'un bien à la disposition de la société pour la durée de la société (immeuble, matériels, fonds de commerce, etc.).	L'apport est réalisé par le transfert en pleine propriété à la société du droit d'usufruit.
EFFETS	La société devient propriétaire du bien apporté. L'apporteur reçoit en échange une part sociale de la société.	L'apporteur reste propriétaire du bien. Ce bien est soustrait à l'action des créanciers, car il ne fait pas partie en propriété du capital social.	L'apporteur transfère son droit d'usufruit, mais conserve la nue-propriété, sauf pour les choses de genre.

c / Les apports en industrie

Un associé met à la disposition de la société son travail, ses **connaissances techniques.** Les apports en industrie sont rares, car en général le travail est rémunéré en salaire (notion de salarié) et non en véritables droits d'associé.

L'apport en industrie ne peut donner la qualité d'associé dans une S.A.R.L. ni celle d'actionnaire dans une S.A. En revanche, la qualité d'associé peut être reconnue à l'apporteur en industrie dans une société en nom collectif.

/////3// Recherche des bénéfices à partager et contribution aux pertes

C'est la recherche d'un bénéfice qui permet de distinguer la société de l'association. La loi du 1er juillet 1901, dans son article premier relatif au contrat d'association, définit le contrat d'association comme réunissant deux ou plusieurs personnes « dans un but autre que de partager les bénéfices ».

Les règles applicables soit aux associations soit aux sociétés sont très différentes. Il existe des groupements intermédiaires entre l'association et la société : les groupements d'intérêt économique (G.I.E. — voir *Code de commerce,* appendice II-5).

- **Notion de bénéfice.** La Cour de cassation dans l'arrêt « caisse rurale de la commune de Manigod » (11 mars 1914, chambres réunies) définit ainsi le bénéfice : **« Le bénéfice devrait s'entendre d'un gain pécuniaire ou d'un gain matériel qui ajouterait à la fortune des associés. »**

Dans cet arrêt, le simple fait de réaliser une économie ne constituait pas un bénéfice.

Aujourd'hui, des groupements dont l'objet est de permettre à leurs membres d'**éviter des dépenses,** l'exclusion de toute recherche d'un gain, peuvent revêtir aussi bien la forme d'une société que celle d'une association ou d'un G.I.E.

● **Bénéfice et économie.** À cet effet, l'article 1832 du *Code civil* a été modifié en 1978. À la notion de bénéfice, qui pourra en résulter, s'ajoute la **notion d'économie qui pourra en découler.**

● **Pertes.** Chaque associé doit avoir également vocation à contribuer aux pertes.
La participation aux bénéfices ou aux pertes est fixée par les statuts de la société, et généralement **proportionnelle à l'apport effectué par chaque associé.** Une clause qui prive un associé de tout droit aux bénéfices ou l'exonère de toute contribution aux pertes est léonine et réputée non écrite.

/////4// La volonté de collaboration ou affectio societatis

Dans beaucoup de contrats, les parties ont des intérêts contradictoires ou opposés. Dans le contrat de société, il doit y avoir un **esprit sociétaire,** c'est-à-dire une **volonté de collaboration sur un pied d'égalité** à la gestion de l'entreprise. Cette notion d'**affectio societatis** présente surtout un intérêt au niveau jurisprudentiel pour distinguer les sociétés de fait des sociétés fictives.

REMARQUE. Il est possible d'exercer une activité commerciale en l'absence de toute volonté d'association. Le créateur, dans ce cas, devra opter pour l'entreprise individuelle ou, depuis le 11 juillet 1985, pour l'E.U.R.L.

C /// LES FORMALITÉS RELATIVES À LA CRÉATION DES SOCIÉTÉS

Une fois choisie la forme juridique de l'entreprise, le créateur doit procéder à la **rédaction, à l'approbation des statuts** et à leur **enregistrement,** et effectuer les formalités ci-après.

/////1// L'avis de constitution

Lorsque ces premières formalités de constitution de la société ont été accomplies, un avis doit être inséré dans un journal habilité à recevoir les annonces légales dans le département du siège social. (L'article 285 du décret du 23 mars 1967 du *Code de commerce* y énumère les mentions obligatoires propres à cet avis.)

EXEMPLE D'INSERTION DANS UN B.A.L.O.*

EXEMPLE D'INSERTION

Seine-Saint-Denis

Avis de constitution

I. Aux termes d'un acte s.s.p. en date à Saint-Denis du quinze octobre mil neuf cent quatre-vingt-sept, il a été constitué une Société ayant les caractéristiques suivantes :

Dénomination :

TEXALATT

Forme : Société anonyme à Conseil d'Administration.

Capital : deux cent cinquante mille francs répartis en deux mille cinq cents actions de cent francs chacune, toutes souscrites et libérées intégralement.

Siège social : 82, rue de Paris, 93800 Epinay-sur-Seine.

Objet social : la production, la transformation, l'aménagement, l'installation, l'industrie et le commerce toutes formes de tous éléments et articles de construction métallique et plastique, de tous articles d'équipement industriel ou domestique, de tous mobiliers de bureaux, magasins, bibliothèques, archives, de tous articles d'ameublement, literie, textiles naturels ou artificiels et, particulièrement des sommiers, matelas et autres articles de literie.

Durée : quatre-vingt-dix-neuf ans à compter de l'immatriculation au Registre du Commerce et des Sociétés.

Apports en numéraire : deux cent cinquante mille francs.

Tout Actionnaire a le droit d'assister aux Assemblées Générales et de participer aux délibérations, personnellement ou par mandataire, sur simple justification de son identité, quel que soit le nombre de ses actions, à condition toutefois que celles-ci soient libérées des versements exigibles et qu'elles aient été immatriculées à son nom trois jours au moins avant la date de l'Assemblée.

Le droit de vote attaché aux actions est proportionnel à la quotité du capital qu'elles représentent. A égalité de valeur nominale, chaque action donne droit à une voix.

Sur les bénéfices nets, après prélèvement affecté à la réserve légale, l'Assemblée Générale a la faculté de prélever les sommes qu'elle juge à propos de fixer pour les affecter à la dotation de tous fonds de réserves facultatives, ordinaires ou extraordinaires ou les reporter à nouveau, le tout dans la proportion qu'elle détermine. Le solde s'il en existe un, est réparti également entre toutes les actions.

Sauf en cas de succession, de liquidation de communauté de biens entre époux ou de cession, soit au conjoint, soit à un descendant ou au profit d'un autre Actionnaire, la cession d'actions à un tiers non Actionnaire à quelque titre que ce soit est soumise à l'agrément du Conseil d'Administration, conformément aux dispositions de l'art. 275 de la loi du 24 juillet 1966.

En cas de liquidation, après extinction du passif et des frais de liquidation, le produit net de celle-ci est employé à rembourser aux Actionnaires le montant libéré et non amorti des actions qu'ils possèdent ; l'excédent s'il en existe un, constituant le boni de liquidation, est réparti entre les Actionnaires proportionnellement au nombre des actions possédées par chacun d'eux.

II. Aux termes des statuts ont été nommés en qualité de premiers Administrateurs :

— M. Edward C. HARRISON, demeurant 8, allée de la Meute, 78110 Le Vésinet ;
— M. Yves SALLARES, demeurant 4, rue Pierre Durand, 92600 Asnières ;
— M. Vincent DURA, demeurant 8, rue François Arago, 78110 Le Vésinet ;
— M. Alain MAUBACQ, demeurant 48, rue de la Butte aux Bergers, Saint-Witz, 95470 Survilliers.

Ont été nommés également en qualité de Commissaires aux comptes :
— Titulaire : M. Gaston JALLERAT, demeurant 82, boulevard Malesherbes ;
— Suppléant : M. Philippe CAVAILLES, demeurant 8, rue Miollis, 75015 Paris.

III. Suivant délibérations en date du quinze octobre mil neuf cent quatre-vingt-sept, le Conseil d'Administration a nommé M. Edward C. HARRISON, président-Directeur général.

IV. La Société sera immatriculée au Registre du Commerce et des Sociétés de Bobigny.

Pour avis :
Le Président-Directeur général.

Source : La Gazette du Palais n° 305 (87)

B.A.L.O. :
Bulletin des annonces légales et officielles

Source : *la Gazette du palais,* n° 305 (1987).

2 Le dépôt des statuts

Les statuts sont ensuite déposés au greffe du tribunal de commerce, accompagnés d'une déclaration de conformité (déclaration stipulant que la société en formation respecte les lois en vigueur).

3 L'immatriculation au registre du commerce et des sociétés

C'est une étape importante, car c'est à compter de son immatriculation que la société acquiert la **personnalité morale.** La demande d'immatriculation est faite au **centre de formalités des entreprises (C.F.E.)** dans le ressort duquel est située l'entreprise.

Le C.F.E. permet aux entreprises de souscrire, en un même lieu, et sur un document unique — la liasse — toutes les formalités auxquelles elles sont tenues, en vue de leur création, de la modification de leur situation et de la cessation de leur activité.

Le chef d'entreprise, ou son mandataire, ne s'adressera plus désormais qu'à un seul interlocuteur : le C.F.E.
Le centre collecte alors toutes les formalités exigées et les diffuse aux organismes destinataires (registre du commerce, service des impôts, U.R.S.A.F.F., A.S.S.E.D.I.C., inspecteur du travail, etc.).

MÉCANISME DES DÉCLARATIONS

Les déclarations reçues par les centres de formalités des entreprises sont conformes à un modèle fixé par arrêté ministériel — « la liasse unique ». Elles sont signées par le déclarant — le chef d'entreprise ou son mandataire — muni d'une procuration signée.

Les déclarations sont accompagnées des pièces justificatives exigées, à l'appui de la demande.

Lorsque la formalité comporte un dépôt d'actes auprès de l'un des organismes destinataires, ces documents sont remis au centre dans la forme exigée par leur dépôt.

Après contrôle formel, le centre délivre un récépissé de dépôt de la déclaration qu'il transmet aussitôt aux organismes destinataires de la formalité.
L'acceptation de la déclaration par le centre vaut déclaration auprès des destinataires et interrompt les délais pour accomplir la formalité.

Le circuit des formalités est désormais largement simplifié.

1 - Le chef d'entreprise, ou son mandataire légal, se présente au C.F.E. Celui-ci l'accueille et lui propose une assistance spécialisée pour la constitution de son dossier.
2 - Constitution de la liasse de formalités, composée de volets multiples.
3 - Diffusion de la déclaration, accompagnée des pièces justificatives, aux « associés » du C.F.E.

ORGANISMES DESTINATAIRES

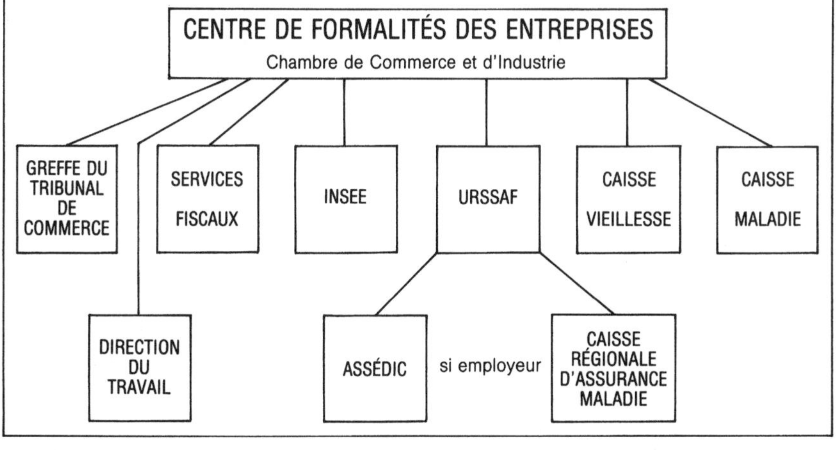

Le greffier du tribunal de commerce dispose d'un délai de cinq jours ouvrables à compter de la réception de la demande pour refuser une immatriculation.

Exemple :
R.C.S. Paris
C 230 327 609

Un numéro d'immatriculation au registre du commerce et des sociétés est attribué par le greffier. Ce numéro est mentionné sur le dossier conservé au greffe et sur l'exemplaire destiné au registre national.
Le numéro se compose de l'indicatif R.C.S., du nom de la commune du siège de la juridiction où est tenu le registre, de la lettre A s'il s'agit d'une personne physique, de la lettre B s'il s'agit d'une personne morale commerçante autre qu'un groupement d'intérêt économique, de la lettre C s'il s'agit d'un groupement d'intérêt économique, de la lettre D s'il s'agit d'une personne morale non commerçante autre qu'un groupement d'intérêt économique, et d'un numéro S.I.R.E.N. à neuf chiffres.

Mention sur les papiers d'affaires

Toute personne immatriculée indique son numéro d'immatriculation en tête de ses factures, notes de commande, tarifs et documents publicitaires, ainsi que sur toutes correspondances et récépissés concernant son activité et signés par elle ou en son nom.

Le locataire gérant précise en outre sa qualité de locataire gérant du fonds de commerce.

Toute contravention aux dispositions de l'alinéa précédent est punie d'une amende pouvant atteindre 2 500 F par infraction constatée.

Le numéro **S.I.R.E.N.** attribué par l'**I.N.S.E.E.** est utilisable pour identifier la société, comme le numéro de Sécurité sociale pour l'identification des personnes physiques.

Attention ! ne pas confondre **S.I.R.E.N.** et **S.I.R.E.T.** Le numéro de **S.I.R.E.T.** est attribué aux **différents établissements** d'une même entreprise. Il comporte les neuf chiffres du numéro S.I.R.E.N., plus cinq chiffres identifiant l'établissement.

/////4// *Publicité au B.O.D.A.C.C.*

Toute immatriculation donne lieu à l'insertion d'un avis au B.O.D.A.C.C. *(Bulletin officiel des annonces civiles et commerciales).* À ne pas confondre avec les B.A.L.O. précités.

II

La société, personne morale

Les sociétés sont dotées de la personnalité morale, c'est-à-dire qu'elles existent en tant que personne juridique distincte de la personne des associés. Elles jouissent de la personnalité morale à dater de leur immatriculation au registre de commerce.

Un délai peut s'écouler entre le moment où les associés conviennent de créer une société et le moment où elle est immatriculée. Les personnes ayant agi au nom d'une société en formation sont tenues solidairement et indéfiniment par les actes accomplis, à moins que la société après avoir été régulièrement constituée et immatriculée ne reprenne les engagements souscrits.

● **Naissance.** La **personne morale** d'une société naît le jour de son immatriculation au registre de commerce et des sociétés.

● **Durée.** Les statuts doivent prévoir la durée de la société, qui ne peut excéder **99 ans.**

● **Nom de la société.** Comme les personnes physiques, les sociétés ont **un nom,** c'est-à-dire une dénomination sociale.

La dénomination sociale d'une entreprise est protégée comme le sont les œuvres littéraires et artistiques. Une entreprise ne peut donc utiliser la dénomination sociale d'une entreprise existante.
Dans certains cas, les tribunaux peuvent interdire à un associé d'utiliser son nom patronymique dans la dénomination sociale de sa société, quand cette utilisation risque de créer une confusion.
Une société peut changer de nom à condition de respecter ses statuts et de procéder aux formalités légales (publicité dans un journal d'annonces légales [B.A.L.O.], inscription modificative au registre de commerce, insertion au B.O.D.A.C.C., etc.).

DÉNOMINATION SOCIALE

Elle ne peut être composée exclusivement du nom d'un ou des associés. Trois cas : — dénomination en rapport avec l'objet de l'entreprise (les filatures du Nord) ; — dénomination comportant un nom non isolé (transports Dupont) ; — dénomination de fantaisie (Vivagel).
S.A.R.L., sociétés anonymes, sociétés en commandite par actions, sociétés en nom collectif.

● **Domicile de la société.** Les personnes physiques ont un domicile, les personnes morales ont un **siège social,** lieu où la société a son principal établissement. Le siège social est précisé par les statuts de la société.

Les tribunaux peuvent déterminer le siège social réel quand ils considèrent que celui qui est indiqué dans les statuts est purement fictif : certaines sociétés pourraient être tentées, afin de bénéficier d'avantages fiscaux, de s'installer dans ce que l'on appelle des « paradis fiscaux ».

Le siège social permet de déterminer :

- **La loi applicable.** La loi française ne s'applique qu'aux sociétés dont le siège social est en France.
- **Les tribunaux compétents** pour prononcer la liquidation de biens ou le règlement judiciaire.
- **La nationalité de l'entreprise.**

● **Nationalité de la société.** Toute société est rattachée à un État.

L'expression « multinationale » signifie pour une entreprise qu'elle exerce son activité dans un grand nombre de pays, cela ne signifie pas qu'elle n'a pas de nationalité. En général, une société est soumise à la loi en vigueur dans le pays où elle a son siège social.

● **Capacité juridique de la société.** La société a un **patrimoine distinct** du patrimoine de chacun de ses associés, lequel est le gage des créanciers de la société.
Le **patrimoine social** comprend tous les droits et obligations de la société. Il évolue en fonction de l'activité de la société. Il ne doit pas être confondu avec le **capital social** qui, lui, est fixé précisément dans les statuts, puisqu'il représente la somme des apports faits par les associés.

La société peut ester en justice par l'intermédiaire de ses représentants statutaires :

— Gérants dans les sociétés en nom collectif.

— Président du conseil d'administration ou du directoire dans les S.A.

III

La classification des sociétés

A / / / SOCIÉTÉS CIVILES ET SOCIÉTÉS COMMERCIALES

/ / / / / 1 / / Détermination du caractère commercial ou civil

Le caractère d'une société est déterminé par sa forme ou par son objet.

- Sont commerciales en raison de leur forme, quel que soit leur objet, les sociétés anonymes, les sociétés en commandite simple ou par actions, les sociétés en nom collectif, les S.A.R.L. et les E.U.R.L.
- Sont commerciales en raison de leur objet, les sociétés qui effectuent des actes de commerce (achat pour revendre, actes accomplis en entreprises, etc.).
- Sont civiles en raison de leur objet, les sociétés qui n'effectuent pas d'actes de commerce.

REMARQUE. Une activité civile peut être faite sous la forme d'une structure juridique commerciale. Ex. : une société immobilière peut adopter le statut juridique d'une S.A.

Il existe de très nombreuses **sociétés civiles,** surtout dans les **domaines immobiliers** (sociétés civiles immobilières) et **agricoles** (sociétés d'aménagement foncier — S.A.F.E.R.).

On les rencontre aussi au niveau des **professions libérales,** dans lesquelles leurs membres se regroupent au sein de sociétés civiles professionnelles pour exercer en commun leur profession (société civile professionnelle de commissaires aux comptes).

///// 2 // Intérêt de la distinction

- **La loi applicable.** Les sociétés civiles sont régies par les articles 1832 et suivants du *Code civil.*
Les sociétés commerciales sont soumises à la loi du 24 juillet 1966 incluse dans le *Code de commerce.*

- **Publicité.** Les sociétés civiles ne sont pas obligatoirement publiées. Les sociétés commerciales sont soumises à un régime de publicité spéciale.

- **Obligations.** Les sociétés commerciales sont soumises aux mêmes obligations que les commerçants, personnes physiques (tenir une comptabilité, immatriculation au registre du commerce,...). Les sociétés civiles échappent à ces obligations.

B /// CLASSIFICATION DES SOCIÉTÉS COMMERCIALES

///// 1 // Sociétés de personnes et sociétés de capitaux

Dans une **société de personnes,** la prise en considération de la personnalité des associés est l'élément fondamental **(intuitus personæ).** Tous les associés sont **personnellement** et **solidairement** tenus de toutes les dettes de l'entreprise. Un associé ne peut céder ses droits dans la société à une autre personne qu'**avec l'accord des autres associés.**

Les sociétés de personnes sont les **sociétés en nom collectif** et les **sociétés en commandite simple.**

Dans une **société de capitaux,** les associés très souvent ne se connaissent pas et peuvent céder leurs actions librement. Leur **responsabilité est limitée** au montant de leur apport.

Les sociétés de capitaux sont les sociétés anonymes et les sociétés en commandite par actions.

Entre les sociétés de personnes et les sociétés de capitaux se trouvent les sociétés à responsabilité limitée **(S.A.R.L. et E.U.R.L.)** dont le capital est divisé en parts sociales (et non en actions), difficilement cessibles, mais où la responsabilité des associés est limitée.

//////2// Les sociétés de type particulier

À côté des six types de sociétés commerciales que nous venons d'évoquer, il existe des sociétés de type particulier.

Certaines ne sont **pas dotées de la personnalité morale.**

- **La société en participation** (loi du 24 juillet 1966, art. 419). Elle n'existe que dans les rapports entre associés, mais n'est pas révélée au public (société occulte).
- **La société créée de fait.** Une société fonctionne sans être déclarée. Elle est néanmoins soumise au droit des sociétés commerciales.

D'autres, **dotées de la personnalité morale,** sont particularisées par leur statut juridique.

- **La société coopérative.** Elle a pour but de supprimer les intermédiaires (coopératives de production, de consommation,...).
- **La société à capital variable.** Elle a un capital qui peut augmenter ou diminuer sans qu'il soit nécessaire d'intervenir au niveau du registre de commerce.
- **La société d'économie mixte.** Elle associe les collectivités locales (communes, départements, régions) à des personnes privées en vue de réaliser des constructions (immeubles, routes,...).
  Les collectivités territoriales doivent y être majoritaires.
- **La société nationalisée.** Elle appartient à l'État et elle fonctionne selon des règles comparables à celles des sociétés privées.

C /// LES G.I.E.

Plusieurs personnes physiques ou morales peuvent constituer entre elles un groupement d'intérêt économique en vue de mettre en œuvre tous les moyens propres à développer l'activité économique de ses membres. Le **G.I.E. doit obligatoirement être un prolongement de l'activité économique de ses membres.**
Plusieurs entreprises concurrentes peuvent aussi se regrouper pour créer une centrale d'achat de matières premières ou financer de la recherche.

À titre d'exemple : Thomson et Phillips créent un G.I.E. destiné à la recherche en matière de télévision haute définition. Peugeot et Renault créent un G.I.E. pour l'achat de certaines matières premières.

Ces alliances permettent aux entreprises de **faire des économies.** Le G.I.E. dégage **plus rarement des bénéfices.**

● **La constitution des G.I.E.** Un **écrit** est nécessaire ainsi qu'une immatriculation au registre de commerce. Il n'y a pas de capital minimal, les dépenses sont couvertes par les **cotisations des membres.** Une **publicité** au B.O.D.A.C.C. est obligatoire.

● **Le fonctionnement des G.I.E.** L'administration en est confiée à une ou plusieurs personnes physiques.
Les membres du groupement sont tenus des dettes de celui-ci sur leur patrimoine propre, et ils sont solidaires.

D / / / LES ASSOCIATIONS À BUT NON LUCRATIF

La loi du 1er juillet 1901 (dite **loi de 1901**) définit ce qu'est l'association : « L'association est la convention par laquelle deux ou plusieurs personnes mettent en commun d'une façon permanente leurs connaissances ou leur activité dans un but autre que le partage de bénéfice. »

L'association se distingue de la société par son but non lucratif.

La loi de 1901 stipule **trois types d'associations.**

— **1** — Les « **associations non déclarées** » qui se forment librement, mais qui ne jouissent pas de la capacité juridique.

— **2** — Les « **associations déclarées** », dotées de la personnalité juridique (déclaration à la préfecture ou à la sous-préfecture).

— **3** — Les « **associations reconnues d'utilité publique** ». Exemple : les restaurants du cœur.

TITRE 4

Les sociétés commerciales

I - La société en nom collectif

II - La société en commandite simple

III - La société anonyme

IV - La société en commandite par actions

V - La société à responsabilité limitée

VI - L'entreprise unipersonnelle à responsabilité limitée

VII - Les titres émis par les sociétés commerciales

I

La société en nom collectif (S.N.C.)

La société en nom collectif est la société dans laquelle les « associés ont tous la qualité de commerçant et répondent indéfiniment et solidairement des dettes sociales ».

La S.N.C. est dirigée par un ou plusieurs gérants pris parmi les associés ou en dehors d'eux. Le gérant, non associé, peut avoir le statut de salarié s'il se trouve dans un état de subordination à l'égard de la société.

A / / / LES AVANTAGES DU STATUT JURIDIQUE EN NOM COLLECTIF

Le choix du statut juridique d'une entreprise dépend de nombreux paramètres (montant des apports, étendue de la responsabilité, nombre d'associés, statut fiscal,...).

La S.N.C., comme la S.A.R.L., convient aux entreprises qui regroupent un **faible nombre d'associés.** La S.N.C. se distingue de la S.A.R.L. par sa **simplicité de création** puisque **aucun capital** minimal n'est imposé (50 000 francs au minimum dans les S.A.R.L.).

Par ailleurs, la S.N.C. permet un **contrôle très rigoureux** des cessions de parts sociales qui ne peuvent être autorisées qu'à l'unanimité des associés (dans la S.A.R.L., les associés sont tenus d'acheter ou de faire acheter les parts pour lesquelles ils ont refusé la cession).

La même règle d'**unanimité** est requise **pour révoquer le gérant** de la S.N.C. (dans les S.A.R.L., il suffit de rassembler la majorité des parts sociales). Enfin, le régime fiscal des S.N.C. s'apparente à celui des entreprises individuelles, alors que la S.A.R.L. supporte l'impôt sur les sociétés (au taux de 38 % en 1989).

B /// CONSTITUTION D'UNE S.N.C.

● **Nombre d'associés.** Au moins deux, pas de maximum. ● **Capital social.** Aucun capital minimal. ● **Apports.** En espèces, en nature et en industrie. ● **Parts sociales.** Aucune valeur minimale ni libération obligatoire. ● **Dénomination sociale.** Elle peut comporter le nom de l'un ou de plusieurs associés ou un nom de fantaisie. Dans le deux cas, la mention S.N.C. doit figurer. ● **Durée.** 99 ans au maximum. ● **Statuts.** Ils sont nécessairement écrits et contiennent obligatoirement les mentions suivantes : forme, durée, siège, dénomination sociale, objet social, capital social, identité des associés. Peuvent être ajoutées les mentions qui dérogent à la loi concernant le choix du gérant et l'étendue de ses pouvoirs, les règles de vote aux assemblées et les modalités de cessation de l'activité. ● **Publicité.** Insertion au journal d'annonces légales, dépôt des statuts au greffe, immatriculation au registre de commerce, insertion au B.O.D.A.C.C. (Voir les formalités relatives à la création des sociétés.)

C /// FONCTIONNEMENT D'UNE S.N.C.

///// 1 // La gérance

La S.N.C. est dirigée par un ou plusieurs gérants, désignés par les statuts ou lors d'un acte ultérieur parmi les associés ou en dehors d'eux.

Une personne morale peut être gérante d'une S.N.C. Le gérant associé a la qualité de commerçant alors que le gérant non associé ne l'a pas — un mineur émancipé peut donc être gérant non associé.

Les pouvoirs du gérant sont déterminés par les statuts qui, parfois, limitent sa liberté d'agir. Le gérant peut accomplir **tous les actes de gestion dans l'intérêt de la société,** à condition de respecter l'objet social de la société. **Un acte excédant l'objet social est inopposable aux associés et aux tiers.** Si la S.N.C. est dirigée par plusieurs gérants, chaque gérant peut s'opposer à l'acte de gestion d'un autre gérant avant la conclusion de cet acte.

Le gérant peut être personnellement responsable s'il passe des actes contraires aux statuts ou s'il commet de graves fautes de gestion. En cas de pluralité de gérants, chacun répond de ses propres fautes. Si la faute est commune, chacun peut être tenu de la réparer dans sa totalité (solidarité des codébiteurs).

Le gérant associé est un commerçant qui ne bénéficie pas du régime général de la Sécurité sociale comme le gérant non associé. Il doit donc cotiser pour l'assurance maladie au régime des travailleurs non salariés.

//////2// Le contrôle de la gestion

Les sociétés dépassant, à la clôture de l'exercice, **deux des trois seuils** suivants doivent désigner un commissaire aux comptes : ● Total du bilan supérieur à dix millions de francs. ● Montant H.T. du chiffre d'affaires supérieur à vingt millions de francs. ● Nombre moyen de salariés, au cours de l'exercice, supérieur à cinquante.

//////3// Les associés

Ils ont tous la qualité de commerçant et répondent indéfiniment et solidairement des dettes sociales. Les créanciers de la société ne peuvent poursuivre le paiement des dettes sociales contre un associé qu'**après avoir vainement mis en demeure la société** par acte extrajudiciaire.

Les associés participent au moins une fois par an à l'**assemblée générale** et sont informés deux fois par an sur la gestion de la société. Ils ont droit, conformément aux statuts, à la répartition des bénéfices et contribuent aux pertes sociales.

En contrepartie de leurs apports, les associés reçoivent des **parts sociales** qui ne peuvent être représentées par des titres négociables. **Elles ne peuvent être cédées qu'avec le consentement de tous les associés** (toute clause contraire dans les statuts est réputée non écrite).

Le *Code pénal* prévoit de lourdes sanctions contre l'associé qui proposerait l'achat de ses parts au public (peine de prison pouvant atteindre dix ans et cinq millions de francs d'amende).

D /// DISSOLUTION D'UNE S.N.C.

● **Le décès d'un associé. La société prend fin par le décès de l'un des associés,** sous réserve des dispositions ci-après : les statuts stipulent qu'en cas de décès d'un associé, la société continuera avec son héritier ou avec les associés survivants ; les statuts stipulent que la société continuera soit avec le conjoint survivant, soit avec un tiers désigné par les statuts.

● **La révocation d'un gérant associé.** Elle entraîne la dissolution de la société, sauf disposition contraire dans les statuts, ou unanimité des autres associés.

● **Les autres causes de dissolution :** la liquidation judiciaire, l'incapacité d'un associé (mise en tutelle ou curatelle), la condamnation d'un associé l'interdisant d'exercer une profession commerciale.

II

La société en commandite simple

La société en commandite simple est une société de personnes, laquelle comprend deux types d'associés. ● Un ou plusieurs associés commanditaires qui répondent des dettes sociales seulement à concurrence du montant de leur apport et n'ont pas la qualité de commerçant. ● Un ou plusieurs associés commandités qui ont le statut des associés en nom collectif, c'est-à-dire qu'ils sont commerçants indéfiniment et solidairement responsables des dettes sociales.

La S.C.S. est dirigée par un ou plusieurs gérants, personnes physiques ou morales qui peuvent être choisies parmi les associés ou en dehors d'eux.

A / / / LES AVANTAGES DU STATUT JURIDIQUE EN COMMANDITE SIMPLE

Les S.C.S. sont en nombre limité aujourd'hui. Elles sont souvent issues de la **transformation d'une S.N.C.** par suite du décès ou de l'incapacité de l'un de ses associés. Les héritiers, ne voulant pas acquérir la qualité de commerçant dans la S.N.C., acceptent de devenir commanditaires ; les anciens associés en nom devenant quant à eux commandités.

Comme la S.N.C. et la S.A.R.L., la S.C.S. convient aux entreprises qui ne regroupent qu'un **petit nombre d'associés.** Le principal intérêt de ce type de société est de permettre la coexistence de deux catégories d'associés.

- Les **commandités décidés à prendre des risques** tout en bénéficiant, comme les associés en nom collectif, d'une inamovibilité presque totale s'ils sont gérants.
- Les commanditaires qui investissent, en **limitant leur responsabilité** à la hauteur de leur apport, et participent à la gestion interne de la société. Les commanditaires ne peuvent pas être gérants.

B / / / CONSTITUTION D'UNE S.C.S.

- **Nombre d'associés.** Au moins un commanditaire et un commandité.
- **Capital social.** Aucun capital social minimal.
- **Apports.** Une seule limite, l'apport en industrie est interdit pour les associés commanditaires.
- **Parts sociales.** Aucune valeur minimale et pas de libération obligatoire.
- **Dénomination sociale.** Les S.C.S. doivent être désignées non plus par une raison sociale (composée obligatoirement du nom de tous les associés commandités ou du nom d'un ou plusieurs d'entre eux, suivi des mots « et compagnie » mais par une dénomination sociale (loi du 31 décembre 1989). La dénomination sociale doit être précédée ou suivie des mots « société en commandite simple ». Elle peut être purement fantaisiste ou comporter le nom d'un ou plusieurs associés, mais sans être exclusivement composée de ces noms.
- **Statuts et publicité.** Les statuts sont soumis aux mêmes règles que ceux des S.N.C. Il en est de même pour les règles de publicité.

C / / / FONCTIONNEMENT DE LA S.C.S.

- **La gérance.** Elle peut être confiée à un ou plusieurs associés **commandités,** ou, si les statuts l'ont envisagé, elle peut être confiée à des membres en dehors de la société.

En aucun cas un **associé commanditaire ne peut être gérant,** ni faire des actes qui engagent la société vis-à-vis des tiers de l'entreprise. Le commanditaire, dont la responsabilité est limitée, ne peut laisser croire à un créancier qu'il est indéfiniment responsable... L'associé commanditaire ne peut donc que donner des avis ou exercer un pouvoir de contrôle sur la gestion interne, et participer aux assemblées générales. Sa responsabilité solidaire pourrait être engagée dans le cas où il se comporterait comme un commandité.

- **Le contrôle des gérants.** Il s'exerce dans les mêmes conditions que pour la S.N.C.

- **Les associés.** Ils se réunissent au moins une fois par an en assemblée générale. Les **commandités** ont les mêmes droits et obligations que les associés en nom collectif. Les **commanditaires** participent aux assemblées générales et reçoivent une part des bénéfices distribués.

Les parts sociales ne peuvent pas être, comme dans la S.N.C., représentées par des titres négociables. La cession de parts sociales par un associé ne peut se faire qu'avec le **consentement de tous les autres associés.** Cependant, une clause des statuts peut prévoir la libre cession des parts sociales des commanditaires entre associés ou même à des tiers. Dans ce dernier cas, le consentement de tous les commandités et de la majorité des commanditaires est requis.

III

La société anonyme (S.A.)

La société anonyme (S.A.) est la société dont le capital est divisé en actions, laquelle est constituée entre des associés (au moins sept) qui ne supportent les pertes qu'à concurrence de leurs apports (les actionnaires ne sont donc pas commerçants).

Il existe deux types de S.A. : ● Les S.A. ordinaires qui ne font pas appel à l'épargne publique, et pour lesquelles le capital social doit être au minimum de 250 000 F. ● Les S.A. faisant appel à l'épargne publique (capital minimal 1 500 000 F).
Le capital social n'est pas représenté par des parts sociales, mais par des actions négociables.

A /// LES AVANTAGES DE LA S.A.

///// **Possibilité de faire appel à l'épargne publique (comme dans la S.C.A.).** Beaucoup de créateurs d'entreprises importantes sont contraints, pour constituer le capital social, de faire appel à des personnes extérieures. La remise d'actions ou d'obligations permet d'attirer les investisseurs qui, tout en limitant leur responsabilité, peuvent espérer profiter de plus-values.

///// **Un statut social avantageux pour les dirigeants.** Les dirigeants (président-directeur général, directeurs généraux, mais pas les administrateurs) même majoritaires peuvent avoir le statut de salarié et bénéficier des avantages du régime général de la Sécurité sociale et du régime fiscal des salariés.

///// **Possibilité de ne libérer qu'une partie de son apport lors de la souscription d'actions.** Un quart seulement du capital de départ doit être libéré immédiatement ; le solde restant devant l'être dans un délai maximal de cinq ans.

Le statut juridique des S.A. convient surtout aux entreprises de grande taille et aux P.M.E. qui, pour se développer, ont besoin d'attirer des investisseurs extérieurs. L'I.N.S.E.E. dénombrait environ 140 000 S.A. en 1989 contre 460 000 S.A.R.L.

B / / / LA CRÉATION D'UNE S.A.

/ / / / / 1 / / Constitution du capital social

Les sociétés anonymes qui font appel à l'épargne publique sont soumises à des règles spéciales quant à leur création et à leur fonctionnement. Sont réputées faire publiquement appel à l'épargne :

- Les sociétés dont les titres sont inscrits à la **cote officielle** ou à celle du second marché d'une bourse de valeur.
- Les sociétés qui, pour le placement des titres, ont recours à des banques ou à des **agents de change.**
- Les sociétés qui, pour le placement des titres, ont **recours à la publicité** (dans les journaux, à la T.V.,...) ou au **démarcharge** (à domicile, téléphonique, lettres, circulaires,...) — le démarcharge est fortement limité (*cf.* loi du 3 janvier 1972).
Le capital social minimal d'une S.A. faisant appel au public est beaucoup plus important **(1 500 000 F)** que celui des S.A. ordinaires **(250 000 F).**

REMARQUES. ● La réduction du capital social à un montant inférieur à ces minima ne peut être décidée que sous la condition suspensive d'une augmentation de capital destinée à amener celui-ci au minimum légal. ● Le capital de certaines sociétés, énumérées par la loi, peuvent avoir un capital inférieur ou supérieur aux minima indiqués. Ex^{s}. : 10 000 F pour les sociétés coopératives, 15 000 000 F pour les banques, 5 000 000 F pour les sociétés d'assurances.

/ / / / / 2 / / Apports et actions

Les **apports** en **numéraire** et en **nature** donnent lieu à la remise d'**actions** dont la **valeur nominale** est déterminée par les statuts. En revanche, les apports en **industrie ne peuvent être représentés par des actions.** L'apporteur en industrie ne peut donc être associé (il est en général salarié de la société).

a / Les apports en numéraire

Le capital social doit être intégralement souscrit, c'est-à-dire que les actions créées lors de la constitution de la S.A. doivent être souscrites en totalité. **Mais les actions en numéraire peuvent n'être libérées que du quart de leur montant** (la libération du solde intervenant dans un délai de cinq ans. Exemple : pour acheter une action de 100 F, il suffit de 25 F).

Les actions non libérées intégralement au moment de l'émission revêtent la **forme nominative** jusqu'à leur entière libération (la forme nominative permet de connaître le propriétaire qui doit procéder à la libération du solde).

REMARQUES.

- La S.A. ne peut pas augmenter son capital social en émettant des actions nouvelles à libérer tant que les actions existantes ne sont pas libérées.
- En cas d'augmentation du capital par émission d'actions réservées aux salariés, aucun versement ne peut être demandé lors de la souscription (la libération de ces actions ne devant intervenir que dans les trois ans).

Le paiement du solde appartient au propriétaire de l'action. Mais celui-ci peut vendre une action, non libérée totalement, à une autre personne **(le souscripteur)** qui peut à son tour la vendre à un **cessionnaire,** et ainsi de suite.

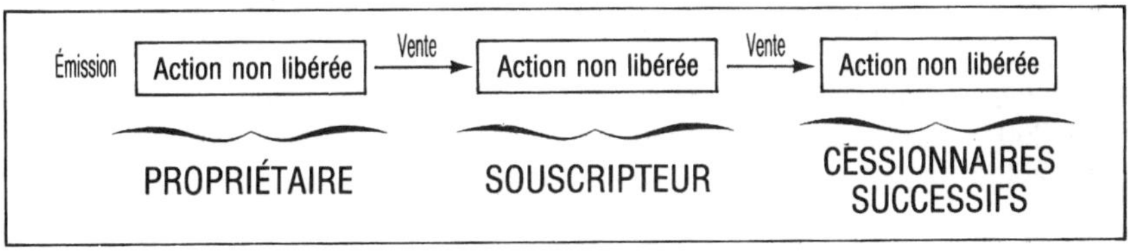

Si à l'échéance (cinq ans au maximum) le solde n'est pas libéré, le propriétaire (appelé **actionnaire défaillant**), le **souscripteur** et les **cessionnaires sont tenus solidairement** du montant non libéré de l'action. La société pourra (pendant un délai de deux ans à compter de la cession) se retourner indifféremment contre eux. Passé ce délai, le paiement de la part non libérée appartient au dernier cessionnaire.

- Les actions totalement libérées peuvent revêtir la forme de titres au porteur ou de titres nominatifs. **Seules les actions cotées en Bourse peuvent être au porteur.** Toutes les autres actions sont nominatives.

b / Les apports en nature

Les apports en nature, après vérification, donnent droit à des actions d'apport qui doivent être **libérées intégralement dès leur émission.**

c / Les différents types d'actions

En plus des actions mentionnées ci-dessus (actions de numéraire et actions d'apport), il convient de connaître l'existence des actions ci-après.

- **Actions sans droit de vote** aux assemblées générales d'actionnaires (dans la limite du quart du capital social).

● **Actions à droit de vote double** réservé aux actions nominatives entièrement libérées depuis deux ans au moins, sous réserve d'une clause dans les statuts ou d'un vote par une assemblée générale extraordinaire.

● **Actions nominatives et actions au porteur** (voir ci-dessus).

● **Actions de priorité** procurant des avantages par rapport aux autres actions.

REMARQUES RELATIVES À LA VALEUR D'UNE ACTION
● La **valeur nominale** ou « pair » d'une action est la quote-part du capital social représentée par cette action (valeur d'émission ou de souscription). Exemple : La S.A. UBIX a un capital de 250 000 F divisé en 2 500 actions de 100 F. (100 F est la valeur nominale.) ● La **valeur boursière** ou vénale (pour les actions cotées) est déterminée par les cours de la Bourse en fonction de l'offre et de la demande. ● La **valeur mathématique** d'une action peut être calculée en divisant l'actif net total, à un moment donné, par le nombre d'actions. Exemple : l'actif de UBIX S.A. après un an de fonctionnement est évalué à 500 000 F. La valeur mathématique de l'action est alors de 500 000/2 500, soit 200 F.

3 Nombre d'associés

Une société anonyme doit compter au moins **sept associés.** Il n'existe **pas de maximum légal.** Le tribunal de commerce peut, à la demande de tout intéressé, prononcer la dissolution de la société si le nombre des actionnaires est réduit à moins de sept depuis plus d'un an.

Il peut également accorder un délai supplémentaire maximal de six mois.

4 Dénomination sociale

Elle peut être tirée de l'objet de la société, comporter un nom de personne, ou être de fantaisie.

Dans tous les cas, elle doit être précédée ou suivie de **la mention « S.A. au capital de... ».**

5 Publicité

La S.A. est soumise aux règles de publicité communes à toutes les sociétés (revoir ces règles en *supra*).

///// 6 // Statuts

Ils sont écrits et contiennent obligatoirement les mentions suivantes : forme, objet, dénomination sociale, siège social, durée, apports, capital social, forme des actions, cession des actions (agrément, liberté de cession,...), organes de gestion, pouvoirs des organes de gestion, rémunération des administrateurs, règles relatives aux assemblées générales, règles relatives à la distribution des bénéfices et à la constitution de réserves, noms et adresses des premiers administrateurs et commissaires aux comptes, et enfin identité de toutes les personnes physiques ou morales signataires des statuts.

(Les éditions Francis Lefebvre publient un recueil des formulaires utilisés par les S.A. et les S.A.R.L., accompagnés d'exemples de statuts.)

C /// LA GESTION DES SOCIÉTÉS ANONYMES

Il existe deux formules pour gérer les S.A.

- **La gestion de type classique.** Les actionnaires nomment un conseil d'administration qui désigne un président.
- **La gestion de « type nouveau »,** inspirée du droit allemand. Un directoire administre et dirige la société, et c'est un conseil de surveillance qui nomme le directoire et contrôle la gestion.

///// 1 // Gestion de type classique : conseil d'administration et président

Ce type de gestion est en vigueur dans plus de 90 % des S.A. La S.A. est administrée par un C.A. composé de **trois membres au moins et de douze membres au plus.**

Depuis 1986, les statuts des S.A. peuvent prévoir des administrateurs élus par les salariés. Le nombre de ces **administrateurs salariés** ne peut être supérieur à quatre ni excéder le tiers du nombre des autres administrateurs, et n'est pas pris en compte dans la détermination du nombre minimal et du nombre maximal d'administrateurs.

Les administrateurs (y compris les salariés) doivent être **actionnaires de la S.A. et détenir un certain nombre d'actions, déterminé par les statuts.** Ce nombre ne peut être inférieur à celui exigé par les statuts pour ouvrir aux actionnaires le droit d'assister à l'assemblée générale ordinaire.

Si, en cours de mandat, un administrateur cesse d'être propriétaire du nombre d'actions requis, il est démissionné d'office s'il n'a pas régularisé sa situation dans le délai de trois mois.

a/ Qui peut être administrateur?

- Le **mineur émancipé** peut être administrateur de S.A.
- Il en est de même de l'**étranger** sans qu'il soit nécessaire d'obtenir une carte de commerçant étranger.
- L'exercice de certaines **activités** est **incompatible** avec les fonctions d'administrateur (officiers ministériels, fonctionnaires, commissaires aux comptes,...).
- Les personnes frappées d'**interdiction ou de déchéance** ne peuvent être administrateurs.
- En règle générale, un administrateur d'une S.A. ne peut devenir salarié de cette S.A., mais l'inverse est possible (*cf.* en *supra* la notion d'administrateur salarié).
- Une **personne physique** ne peut appartenir simultanément à plus de **huit conseils d'administration** de S.A. ayant leur siège social en France.
- Le nombre des administrateurs de plus de **soixante-dix ans** ne peut être supérieur au **tiers** des administrateurs en fonction.
- Une **personne morale** peut être administrateur de société par l'intermédiaire d'un « **représentant permanent** » (personne physique).

b/ Comment devient-on administrateur?

Les premiers administrateurs sont **nommés** dans les statuts pour trois ans au plus dans les S.A. ordinaires ou **élus** pour six ans par l'assemblée constitutive des S.A. faisant appel au public.

Au cours de la vie de la S.A., les administrateurs sont **nommés par l'assemblée générale des actionnaires** pour six ans au maximum. Sauf clause contraire des statuts, ils sont rééligibles.

c/ Comment fonctionne le conseil d'administration?

Les statuts fixent librement la fréquence des réunions. En général, le C.A. se réunit une fois par mois (ou tous les deux mois). Deux membres du **comité d'entreprise** (voir collection DEGE, *Droit du travail*) assistent à toutes les séances du C.A. — ils ne prennent pas part aux votes mais donnent leur avis **(voix consultative).** Si les statuts ont prévu des administrateurs salariés, un seul représentant du C.E. siège au C.A.

Le président du conseil d'administration préside les séances. Les décisions, pour être valables, doivent être prises en **présence de la moitié** au moins des administrateurs (cinq sur dix) et **approuvées par la majorité** des membres présents ou représentés (si cinq présents sur dix, il faut trois voix). En cas d'égalité, la voix du président est prépondérante.
À la fin de la réunion, un procès-verbal est établi et signé par au moins un administrateur et par le président du C.A.

d / Quels sont les pouvoirs du C.A. et de son président ?

Le C.A. est investi des **pouvoirs les plus étendus** pour agir en circonstance au nom de la société. Ils les exerce dans la limite de l'objet social et **sous réserve** de ceux expressément attribués par la loi aux **assemblées d'actionnaires** (modification des statuts, approbation et affectation des résultats, nomination du conseil d'administration,...).

Le C.A. élit parmi ses membres un **président du conseil (appelé souvent président-directeur général)** qui assume avec l'aide de directeurs généraux la direction générale de la société et la représente vis-à-vis des tiers.

Le C.A. convoque les assemblées d'actionnaires, définit le montant de la rémunération de chaque administrateur (jetons de présence) et la rémunération du P.-D.G., autorise les cautions et garanties données par la société. Sauf clause contraire dans les statuts, le P.-D.G. est démissionné d'office quand il atteint soixante-cinq ans.

/ / / / / 2 / / Gestion de type nouveau : directoire et conseil de surveillance

a / Le directoire

La société anonyme est **dirigée** par un directoire composé de deux à cinq membres au plus (sept dans les S.A. faisant appel à l'épargne publique). Pour les S.A. dont le capital social est inférieur à un million de francs, les fonctions dévolues au directoire peuvent être exercées par une seule personne (directeur général unique).

Les membres du directoire sont nommés par le conseil de surveillance, qui confère à l'un d'eux la qualité de président. Contrairement aux administrateurs, les membres du directoire peuvent être choisis en **dehors des actionnaires** et sont **obligatoirement** des **personnes physiques.**
Les membres du directoire peuvent être **salariés** de la S.A. et sont soumis à la même limite d'âge que celle des administrateurs.

b / Le conseil de surveillance (C.S.)

Le C.S. a pour mission de contrôler le directoire et non d'assurer la gestion de la société. Il comprend de trois à douze membres, auxquels s'ajoutent (comme pour le C.A.) éventuellement des représentants élus par les salariés.
Les membres du C.S., comme les administrateurs, doivent être actionnaires, juridiquement capables, non salariés de la S.A., personnes physiques ou morales (représentant permanent).
On devient membre du C.S. comme on devient administrateur *(cf. supra)*.
Les règles de fonctionnement étudiées pour le C.A. s'appliquent au C.S.

D / / / LES ASSEMBLÉES D'ACTIONNAIRES

/ / / / / 1 / / Généralités

Les assemblées d'actionnaires obéissent à un certain nombre de règles qu'il importe de connaître.

a / Règles concernant la préparation des assemblées

● **Les assemblées sont convoquées** le plus souvent par le conseil d'administration (ou le directoire) et plus rarement par les commissaires aux comptes ou le conseil de surveillance.

● **L'ordre du jour** est arrêté par l'auteur de la convocation. Toutefois, un ou plusieurs actionnaires représentant au moins 5 p. 100 du capital ont la faculté d'inscrire à l'ordre du jour un projet de résolution.

● **Les actionnaires peuvent se faire communiquer avant la réunion tous les documents** nécessaires à leur information sur la gestion de la société (comptes annuels, inventaire, affectation des résultats, rapports des commissaires aux comptes,...).

● **La convocation à l'assemblée** se fait par lettres et par insertions (annonces) dans un bulletin d'annonces légales officielles (B.A.L.O.).

EXEMPLE D'AVIS DE CONVOCATION

SOCIETE GENERALE DE SERVICE ET DE GESTION
S G 2
Société anonyme
au capital de 75 628 000 francs
Siège social à 75016 Paris
12-14, avenue Vion-Whitcomb
R.C.S. Paris B 702 023 094

Avis de convocation

Les Actionnaires de la Société sont convoqués en Assemblée Générale Extraordinaire, le vendredi 18 décembre 1987, à 10 heures, au 64, rue du Ranelagh, 75016 Paris, à l'effet de délibérer sur l'ordre du jour suivant :

- Rapport du Conseil d'Administration ;
- Rapports des Commissaires aux comptes ;
- Réduction de capital de 75 628 000 francs par annulation des 756 280 actions composant le capital social, sous la condition suspensive de la réalisation définitive de l'augmentation de capital visée à la deuxième résolution ;
- Augmentation du capital de 60 00 000 de francs par l'émission et la création de 600 000 actions nouvelles de cent francs ; conditions et modalités de l'augmentation ;
- Décision de supprimer le droit préférentiel de souscription de l'ensemble des Actionnaires à l'augmentation de capital en faveur de la seule Société GENEPARTS ;
- Modification corrélative des art. 6 et 8 des statuts ;
- Ratification de l'apport à la Société SG2 GENIE INFORMATIQUE (nouvelle dénomination de SG2 SYSTEMES) des fonds de commerce précédemment donnés en location-gérance à SG2 SYSTEMES, SG2 INDUSTRIES ET SG2 INGENIERIE ;
- Pouvoirs.

Tous les Actionnaires peuvent assister à l'Assemblée ou se faire représenter quel que soit le nombre de leurs actions.

Le Conseil d'Administration.

b / Règles concernant les participants aux assemblées

Tous les actionnaires peuvent participer aux assemblées générales, mais les statuts peuvent exiger que l'actionnaire possède un nombre minimal d'actions, sans que celui-ci puisse être supérieur à **dix** pour ouvrir le droit de participer aux **A.G. ordinaires** (toute clause limitative est **interdite** pour les **A.G. extraordinaires**). Plusieurs actionnaires peuvent se réunir pour atteindre le minimum prévu par les statuts et se faire représenter par l'un d'eux ou par le conjoint de l'un d'eux.

REMARQUES RELATIVES AU VOTE PAR CORRESPONDANCE. ● Tout actionnaire peut voter par correspondance au moyen d'un formulaire pour chaque résolution. ● Les formulaires de vote par correspondance ne donnant aucun sens de vote ou exprimant une abstention sont considérés comme des votes négatifs, c'est-à-dire défavorables à la résolution. Ne pas s'exprimer ou s'abstenir revient à voter contre.

c / *Les règles concernant la réunion*

Une feuille de présence est tenue à chaque assemblée, laquelle permet de connaître précisément l'identité des actionnaires présents, représentés ou ayant voté par correspondance, et le nombre d'actions dont ils sont détenteurs. L'assemblée procède ensuite à **l'élection du bureau de l'A.G.** qui comprend un président (en général le président du conseil d'administration ou de surveillance) et deux scrutateurs (les deux plus gros actionnaires de l'assemblée acceptant ce rôle).
Le bureau de l'assemblée nomme son secrétaire, qui peut être choisi en dehors des actionnaires, et **procède à la vérification du quorum** (nombre de participants nécessaire pour qu'une assemblée générale puisse valablement délibérer). Le quorum varie selon la nature de l'assemblée (ordinaire ou extraordinaire, *cf. supra*). Si le quorum n'est pas atteint, une nouvelle assemblée devra être convoquée avec un quorum plus faible.

Chaque résolution est débattue et votée, le plus souvent à main levée. Des majorités plus ou moins conséquentes sont nécessaires selon l'importance des votes.

		A.G. ORDINAIRE	A.G. EXTRAORDINAIRE
QUORUM	1re réunion	25 % des actions ayant droit de vote	50 % des actions ayant droit de vote
	2e réunion	Aucun quorum	25 % des actions ayant droit de vote
MAJORITÉS NÉCESSAIRES POUR ADOPTER UNE RÉSOLUTION		Majorité des voix des actionnaires présents ou représentés	● Majorité des deux tiers des voix des actionnaires présents ou représentés. ● Unanimité pour changer la S.A. de nationalité.

Après épuisement de l'ordre du jour, la **séance est levée.** Un **procès-verbal** de la réunion est établi et signé par les membres du bureau. Il est conservé dans un registre spécial, coté et paraphé. Le procès-verbal fait foi jusqu'à preuve contraire.

///// 2 // *Les différents types d'A.G.*

a / *Les A.G. ordinaires*

Les A.G. ordinaires prennent toutes les décisions autres que celles qui sont de la compétence des A.G. extraordinaires (modification des statuts).

L'A.G. ordinaire est réunie au moins une fois par an dans les six mois de la clôture de l'exercice. Après lecture de son rapport, le conseil d'administration (ou le directoire) présente à l'assemblée les **comptes annuels et les comptes consolidés** de l'**exercice écoulé.** L'assemblée approuve ou rejette les comptes et affecte le résultat.

L'A.G. ordinaire est également compétente pour procéder à la **nomination des administrateurs** (ou à leur révocation), pour fixer leur rémunération (jetons de présence), et pour procéder à la **nomination des commissaires aux comptes.**

b / Les A.G. extraordinaires

Elles réunissent tous les actionnaires pour modifier les statuts.

REMARQUES RELATIVES AUX RÈGLES DE MAJORITÉ.

- La **majorité des deux tiers** des voix des actionnaires présents ou représentés est nécessaire pour modifier les statuts. Exemple : réunion d'une A.G. extraordinaire pour augmenter le capital social par émission d'actions nouvelles (ne pas confondre avec l'augmentation de capital par élévation du montant nominal des actions).
- L'**unanimité** s'impose pour changer la S.A. de nationalité, transformer la S.A. en S.N.C. ou en S.C. simple ou par actions, ou augmenter les engagements des actionnaires (porter de 100 à 120 francs la valeur nominale des actions, par exemple).

c / Les A.G. spéciales

Les assemblées spéciales réunissent les titulaires d'actions d'une catégorie déterminée.
La décision d'une assemblée générale de modifier les droits relatifs à une catégorie d'actions n'est définitive qu'après approbation de cette catégorie par l'assemblée spéciale des actionnaires.
Les assemblées spéciales ne délibèrent valablement que si les actionnaires présents ou représentés possèdent au moins, sur première convocation, la moitié, et sur deuxième convocation le quart des actions ayant le droit de vote, et pour lesquelles il est envisagé de modifier les droits. À défaut de ce dernier quorum, la deuxième assemblée peut être prorogée à une date postérieure de deux mois au plus par rapport à celle à laquelle elle avait été convoquée.
Les A.G. spéciales statuent dans les conditions des A.G. extraordinaires (règles de majorité).

E / / / LE CONTRÔLE DES S.A.

Il est exercé par les commissaires aux comptes. La profession des commissaires aux comptes est organisée par le décret du 1er mars 1984 (voir *Code de commerce,* loi du 24 juillet 1966, articles 219 à 235). Toutes les S.A. sont tenues d'avoir au moins un commissaire aux comptes (deux pour les S.A. faisant appel à l'épargne publique ou pour celles dont le capital dépasse cinq millions de francs).

Les commissaires certifient que les comptes annuels sont « réguliers et sincères » et « donnent une image fidèle du résultat des opérations de l'exercice écoulé ainsi que de la situation financière et du patrimoine de la société à la fin de cet exercice ».
Ils ont pour mission permanente, à l'exclusion de toute immixtion dans la gestion, de vérifier les valeurs et les documents comptables de la société, et de contrôler la conformité de sa comptabilité aux règles en vigueur. Ils s'assurent que l'égalité a été respectée entre les actionnaires. Ils portent à la connaissance du conseil d'administration (du directoire ou du conseil de surveillance) les contrôles et vérifications auxquels ils se sont livrés, les modifications comptables qu'ils proposent, les irrégularités qu'ils ont découvertes. Ils établissent des rapports destinés aux assemblées générales d'actionnaires.

F / / / LA TRANSFORMATION ET LA DISSOLUTION DES S.A.

/ / / / / 1 / / La transformation des S.A.

Toute S.A. peut se transformer en une société d'une autre forme si au moment de la transformation elle a au moins deux ans d'existence et si elle a établi et fait approuver par les actionnaires le bilan de ses deux premiers exercices.

/ / / / / 2 / / La dissolution des S.A.

La S.A. prend fin :

- Par l'expiration du temps pour lequel elle a été constituée (les associés peuvent cependant décider, à l'unanimité, de la prorogation de la société un an avant l'arrivée à terme).
- Par la dissolution anticipée décidée par les associés ou prononcée par un tribunal.
- Par la réalisation ou l'extinction de son objet.
- Par l'annulation du contrat de société.
- Par la réduction du nombre d'actionnaires à moins de sept depuis plus d'un an ou par la réduction du capital social au-dessous du minimum légal.

IV

La société en commandite par actions (S.C.A.)

La société en commandite par actions (S.C.A.) est une société de capitaux constituée entre un ou plusieurs commandités qui ont la qualité de commerçant répondant indéfiniment et solidairement des dettes sociales et de commanditaires ayant la qualité d'actionnaires, et ne supportant les pertes qu'à concurrence de leurs apports. Le nombre d'associés commanditaires ne peut être inférieur à trois.
La plupart des règles concernant les sociétés en commandite simple, dans la mesure où elles sont compatibles, s'appliquent à la S.C.A.
Les règles relatives aux sociétés anonymes, à l'exception de celles qui organisent leurs modes de direction (conseil d'administration, directoire, conseil de surveillance) sont également applicables à la S.C.A.

A / / / LES AVANTAGES DE LA S.C.A.

Les S.C.A. comme les S.C.S. sont en nombre limité aujourd'hui. Le mémento de Francis Lefebvre, consacré aux sociétés commerciales, souligne le « regain de faveur » dont bénéficie actuellement cette forme de société qui permet de « faire publiquement appel à l'épargne tout en maintenant la direction et la gestion de la société dans un cercle fermé de personnes. Elle peut notamment rendre service à une famille qui entend conserver la haute main sur sa société tout en ouvrant celle-ci à l'épargne publique, spécialement en écartant le risque de la perte de contrôle par O.P.A. C'est d'ailleurs ce qui explique l'hostilité de la C.O.B. à l'adoption de cette forme juridique par les sociétés cotées. »
Exemples de S.C.A. : supermarchés Casino et Michelin.

B / / / CONSTITUTION D'UNE S.C.A.

● **Nombre d'associés.** Au moins un commandité et trois commanditaires.

● **Apports.** Une seule limite, l'apport en industrie est interdit aux commanditaires.

● **Capital social.** 250 000 francs pour les sociétés ne faisant pas appel à l'épargne publique (1 500 000 francs pour les autres).

● **Actions.** La valeur nominale des actions est déterminée par les statuts.

● **Dénomination sociale.** La S.C.A. est désignée par une dénomination sociale qui doit être précédée ou suivie de la mention de la forme de la société et du montant du capital social. Le nom d'un ou de plusieurs associés commandités peut être inclus dans la dénomination sociale (le nom des commanditaires ne peut y figurer).

● **Publicité.** Insertion au journal d'annonces légales, dépôt des statuts au greffe, immatriculation au registre de commerce, insertion au B.O.D.A.C.C. (*cf.* titre 4).

C / / / FONCTIONNEMENT D'UNE S.C.A.

● **La gérance.** Elle peut être confiée à un ou plusieurs associés commandités ou, si les statuts l'ont envisagé, à des membres en dehors de la société. En aucun cas un associé commanditaire ne peut être gérant. La loi fixe à **65 ans** la limite d'âge pour être gérant.

● **Le contrôle de gestion.** L'assemblée générale ordinaire nomme un conseil de surveillance composé de trois actionnaires au moins.
Sous peine de nullité de sa nomination, un associé commandité ne peut être membre du conseil de surveillance. Les actionnaires commanditaires ne participent pas à la désignation des membres de ce conseil. Les deux tiers des membres du conseil doivent être âgés de moins de **70 ans.**

Le conseil de surveillance assume le contrôle permanent de la gestion de la société. Il dispose des mêmes pouvoirs que les commissaires aux comptes.

● **Les associés.** Les **associés commanditaires** sont, de même que les actionnaires des S.A., responsables dans la limite de leurs apports, et ne peuvent accomplir aucun acte de gestion externe, même en vertu d'une procuration. En cas d'immixtion, l'associé commanditaire est tenu solidairement avec les associés commandités des dettes de la société qui résultent d'actes prohibés. Les **associés commandités** sont comme les associés en nom collectif indéfiniment et solidairement responsables des dettes sociales. Leurs droits, non représentés par des actions, ne peuvent être cédés qu'avec l'accord de tous les commandités et commanditaires (sauf clause contraire des statuts concernant les commanditaires).

NOTE : les causes de dissolution applicables à la S.C.S. et à la S.A. s'appliquent également à la S.C.A.

V

La société à responsabilité limitée

La S.A.R.L. est une société constituée entre des associés qui ne supportent les pertes qu'à concurrence de leurs apports. Le capital social est divisé en parts sociales et non en actions. La S.A.R.L. n'est donc ni une société de personnes, ni une société de capitaux, c'est une société mixte.

Les associés de la S.A.R.L. n'ont pas la qualité de commerçant et peuvent quitter librement la société. La S.A.R.L. est dirigée par un gérant choisi parmi les associés ou en dehors d'eux. Une S.A.R.L. peut être constituée par la volonté d'une seule personne (cf. titre 4-VI, consacré à l'E.U.R.L.).

A / / / LES AVANTAGES DE LA S.A.R.L.

Au 1er janvier 1989, on dénombrait en France 460 000 S.A.R.L. pour 140 000 S.A. Le statut juridique de la S.A.R.L. convient, en premier lieu, aux **petites entreprises,** souvent **familiales,** qui disposent de **capitaux modestes.** La S.A.R.L. présente moins de risques que la S.N.C. où la responsabilité des associés n'est pas limitée. Les entreprises importantes choisissent presque toujours le statut de la S.A.

Le choix entre S.A. et S.A.R.L. se pose surtout pour les **entreprises moyennes.** La décision sera prise en fonction de plusieurs paramètres.

- **Importance du capital social.** 50 000 F au minimum pour les S.A.R.L. contre 250 000 F pour les S.A. Les S.A.R.L. ne peuvent pas faire appel à l'épargne publique.
- **Libre cession des parts.** Elle est totale dans les S.A., elle peut être limitée dans quelques cas (conjoint, ascendant,...) dans les S.A.R.L. Elle est plus onéreuse dans les S.A.R.L.
- **Statut de salarié.** Le gérant non majoritaire peut avoir le statut de salarié dans une S.A.R.L. Il est plus difficile d'être administrateur et salarié dans une S.A. Le P.-D.G. d'une S.A. est salarié.

● **Libération des parts sociales.** Elle est totale dans les S.A.R.L. dès leur souscription. Les actions ne peuvent être libérées que du quart de leur montant dans les S.A. (les trois quarts restant étant libérés dans un délai de cinq années).

● **Recherche d'une gestion simple.** Contrairement à ce qui se passe dans une S.A. la gestion administrative d'une S.A.R.L. est simple et ne nécessite pas la mise en place d'un service compétent.

B / / / CONSTITUTION D'UNE S.A.R.L.

● **Nombre d'associés.** Au minimum deux, au maximum cinquante. Si la S.A.R.L. dépasse cinquante associés, elle dispose d'un délai de deux ans pour se transformer en S.A. ou pour en revenir à cinquante. Ce délai passé, la S.A.R.L. est dissoute.

● **Capital social.** 50 000 francs au minimum depuis le 1er mars 1984. Les sociétés créées avant cette date avec un capital de 20 000 F minimal ont dû le porter à 50 000 F avant le 1er mars 1989. Les S.A.R.L. n'ayant pu procéder à cette régularisation ont été dissoutes.

● **Apports.**

- Les **apports en numéraire.** Ils doivent être déposés soit à la caisse des dépôts et consignations, soit chez un notaire, soit dans une banque, au moment de la création de l'entreprise. Les fonds déposés peuvent être retirés après l'immatriculation de la S.A.R.L. au registre de commerce.

- Les **apports en nature.** Les biens, meubles ou immeubles, corporels ou incorporels, peuvent faire l'objet d'un apport en propriété ou en jouissance. Le contrôle des apports en nature par un commissaire aux apports est obligatoire quand l'apport en nature dépasse 50 000 F. (Le commissaire aux apports est choisi parmi les commissaires aux comptes ou sur une liste d'experts auprès des tribunaux.)

- Les **apports en industrie.** Ils sont strictement limités par l'article 38 de la loi du 24 juillet 1966. (Seul l'apporteur en nature ou son conjoint peuvent faire un apport en industrie lorsque son activité principale est liée à la réalisation de l'objet social de la S.A.R.L.)

● **Parts sociales.** Le capital social est divisé en parts sociales égales d'un montant minimal de 100 F, libérées intégralement lors de la création de l'entreprise.

● **Dénomination sociale.** La dénomination sociale d'une S.A.R.L. doit être suivie de la mention « S.A.R.L. au capital social de... ». Cette mention doit figurer sur tous les documents de la société destinés aux tiers (clients, fournisseurs,...).

● **Statuts.** Ils comportent les mentions obligatoires habituelles : forme, durée, dénomination, siège social, objet, capital social, évaluation des apports en nature, répartition et libération des parts sociales, dépôt des fonds pour les apports en numéraire, choix du gérant et détermination de ses pouvoirs, transmission des parts, règle de majorité, répartition des bénéfices, etc.

● **Publicité.** Les S.A.R.L. sont soumises aux règles de publicité des sociétés commerciales (*cf.* titre 3).

C / / / FONCTIONNEMENT DE LA S.A.R.L.

/ / / / / 1 / / La gérance

Seule une **personne physique** peut être le gérant de la S.A.R.L. Il peut être choisi **parmi les associés** ou **en dehors d'eux** (sauf clause contraire dans les statuts).
Il dispose d'un large pouvoir pour accomplir tous les **actes de gestion dans l'intérêt de la société.**

Un gérant **minoritaire** peut avoir le **statut de salarié** et bénéficier ainsi des avantages du régime général de la Sécurité sociale et des abattements fiscaux sur ses salaires, de 10 et 20 %. Logiquement, le gérant majoritaire ne se trouve pas dans un état de dépendance (lien de subordination) avec lui-même... ne cumule pas son statut avec celui de salarié.

Afin de faire la chasse aux faux gérants minoritaires, la loi considère que les parts détenues par les ascendants, descendants, conjoint, sont assimilables à celles détenues par le gérant.

La responsabilité du gérant peut être engagée pour fautes de gestion ou manœuvres frauduleuses caractérisées.

/ / / / / 2 / / Le contrôle de la gestion

Le contrôle de la gestion par un **commissaire aux comptes** est obligatoire sous certaines conditions comme pour les S.N.C. (*cf.* titre 4-I).

En outre, l'article L 64-2 prévoit le recours aux **experts** dans des conditions analogues à celui des S.A. « Un ou plusieurs associés représentant au moins le dixième du capital social peuvent demander en justice la désignation d'un expert chargé de présenter un rapport sur une ou plusieurs opérations de gestion. Le ministère public (l'État) et le comité d'entreprise (rare dans les S.A.R.L.) sont habilités à agir aux mêmes fins. »

/////3// Les décisions collectives

L'assemblée générale des actionnaires se réunit **une fois par an pour approuver les comptes** sur convocation de la gérance. Un ou plusieurs associés représentant la moitié des parts sociales (ou le quart des parts sociales et le quart des associés à la fois) peuvent demander une réunion de l'A.G.

Les associés sont convoqués par lettre recommandée expédiée au moins quinze jours avant la date de la réunion. **L'ordre du jour doit être clair et précis.** Des questions importantes ne peuvent être débattues en assemblée générale si elles ne figurent pas à l'ordre du jour. La rubrique questions diverses est valable dans un ordre du jour, mais seulement pour discuter de questions peu importantes.

Le gérant doit communiquer aux associés tous les **documents concernant l'exercice écoulé** (inventaire, comptes annuels établis par le gérant,...).
En assemblée, chaque associé dispose d'un nombre de voix égal au nombre de parts sociales qu'il détient. Les décisions sont prises à la majorité absolue des parts sociales (1re consultation), à la majorité relative (2e consultation). En dehors de l'assemblée annuelle, le gérant peut prendre les décisions soumises à l'approbation des associés après **consultation écrite de ceux-ci** (par correspondance).

La réunion d'une **assemblée générale extraordinaire** est nécessaire pour modifier les statuts. Toute modification des statuts doit être décidée par les associés représentant au moins les trois quarts des parts. Exemples de décisions extraordinaires : ● Augmentation ou réduction du capital social. ● Fusion ou scission. ● Changement du statut juridique (transformation en S.A.). ● Cession de parts à un tiers.

/////4// Les associés

Ils n'ont **pas la qualité de commerçant** puisque leur responsabilité est limitée au montant de leurs apports.
La contrepartie des apports est représentée par des **parts sociales** qui ne sont **pas des titres négociables,** telles les actions. Chaque part a une valeur nominale minimale de **100 F.** La recherche du capital social interdit de faire appel à l'épargne publique.

Les cessions de parts sont libres entre associés, mais l'**agrément** des associés est obligatoire pour toute cession à un **tiers.** L'associé qui désire céder ses parts à un tiers en avertit les autres associés par lettre recommandée. Le gérant convoque une assemblée qui peut autoriser la cession à condition de réunir au moins les trois quarts des parts sociales. L'assemblée peut **refuser la cession,** mais dans ce cas elle doit racheter les parts du cédant ou les faire acheter par un tiers agréé à la majorité des trois quarts. Le prix des parts en cas de contestation sera déterminé par un expert auprès des tribunaux.

Les cessions de parts aux conjoints, descendants, ascendants, sont libres, sauf clause d'agrément prévue par les statuts. Enfin, les parts sont transmissibles par succession.

D / / / DISSOLUTION DE LA S.A.R.L.

CAUSES COMMUNES À TOUTES LES SOCIÉTÉS	AUTRES CAUSES DE DISSOLUTION
Art. 1844-7. La société prend fin : 1° Par l'expiration du temps pour lequel elle a été constituée. 2° Par la réalisation ou l'extinction de son objet. 3° Par l'annulation du contrat de société. 4° Par la dissolution anticipée par les associés. 5° Par la dissolution anticipée prononcée par le tribunal à la demande d'un associé pour justes motifs. 6° Pour toute autre cause prévue par les statuts. »	• La S.A.R.L. dépasse cinquante associés et ne se transforme pas en S.A. dans un délai de deux ans. • Le capital social est réduit à moins de 50 000 francs.

VI
L'entreprise unipersonnelle à responsabilité limitée

Jusqu'en 1985, il fallait être deux pour créer une société. L'entrepreneur qui ne trouvait pas un associé était contraint d'opter pour le statut de commerçant. La loi du 11 juillet 1985 permet à l'entrepreneur individuel de bénéficier de tous les avantages de la S.A.R.L. en créant seul une société appelée E.U.R.L. (entreprise unipersonnelle à responsabilité limitée). L'E.U.R.L. est une S.A.R.L. Elle est soumise à toutes les règles de la S.A.R.L. (sauf celles concernant les rapports entre associés).

A / / / LES AVANTAGES DE L'E.U.R.L.

Vous vous reporterez au chapitre précédent pour connaître les avantages des entreprises à responsabilité limitée par rapport aux autres sociétés. Il convient d'insister sur les avantages ci-après.

- **Une transmission d'entreprise facilitée.** Puisque le capital est réparti en parts, il est plus facile de le transmettre à ses héritiers ou de le céder à d'autres associés, d'autant plus que le taux d'enregistrement pour la cession des parts sociales, constatée ou non par un acte, n'est pas de 16,60 % comme pour les fonds de commerce, mais de 4,80 %. Une seule condition à remplir cependant : les parts doivent être détenues pendant trois ans avant la cession.
- **Un régime fiscal à option lorsque l'associé unique est une personne physique.** Le résultat de la société est soumis à l'impôt sur le revenu au nom de l'associé unique. Ce dernier doit indiquer ce résultat sur sa déclaration de revenus, ainsi que le ferait un commerçant. Il peut ainsi

bénéficier des avantages reconnus aux entrepreneurs individuels, tels ceux liés à l'adhésion à un centre de gestion agréé.
L'associé unique, personne physique, peut aussi opter pour l'impôt sur les sociétés. Il lui suffit d'en prévenir le centre des impôts. Cette option se fait une fois pour toutes.

B / / / CONSTITUTION D'UNE E.U.R.L.

Les règles de constitution d'une E.U.R.L. sont les mêmes que celles que nous avons étudiées pour la S.A.R.L. Il convient cependant de retenir les précisions ci-après.

- L'associé unique peut être une personne physique ou une personne morale.
- Une personne physique ne peut pas être associée unique de plusieurs E.U.R.L.
- La dénomination sociale doit être précédée de la mention « S.A.R.L. au capital social de... », et non « E.U.R.L.... », car l'E.U.R.L. n'est pas une forme particulière de société mais une S.A.R.L. à un seul associé.
- Les règles relatives au capital social (50 000 F au minimum), aux apports, aux statuts et à la publicité, étudiées pour la S.A.R.L., s'appliquent également à l'E.U.R.L.

C / / / FONCTIONNEMENT DE L'E.U.R.L.

- **La gérance.** Seule une personne physique peut être gérant. Si l'associé unique est une personne morale, la gérance est confiée à un tiers. Le gérant associé unique ne doit pas confondre son patrimoine personnel avec celui de son entreprise.

- **Le contrôle de la gestion.** Le contrôle de la gestion par un ou plusieurs commissaires aux comptes peut être obligatoire sous certaines conditions communes aux S.N.C. et aux S.A.R.L. *(cf. supra).*

- **L'associé unique.** L'associé unique non-gérant dispose des mêmes droits que les associés non-gérants de S.A.R.L. L'associé unique n'est tenu des dettes sociales qu'à concurrence du montant de ses apports (50 000 F au minimum). Il peut céder ses parts ou une partie seulement de ses parts à un tiers. Dans le second cas, l'E.U.R.L. devient S.A.R.L. après dépôt au greffe du tribunal de commerce de l'acte de cession. Le décès de l'associé unique ne met pas fin à l'E.U.R.L. (sauf clause contraire dans les statuts). L'entreprise peut continuer de fonctionner avec les héritiers du défunt, lesquels se partagent les parts sociales en fonction de leurs droits de succession.

NOTE. Les causes de dissolution de l'E.U.R.L. sont les mêmes que celles étudiées dans le chapitre précédent pour la S.A.R.L.

VII Les titres émis par les sociétés commerciales

Le capital social, quelle que soit la forme de la société commerciale, est composé par les apports des associés. En contrepartie de leurs apports, les associés reçoivent des parts sociales dans les S.N.C. et les S.A.R.L., des actions dans les S.A. et les sociétés en commandite par actions.

Les S.A. peuvent émettre des emprunts en s'adressant au public. Elles émettent alors des titres appelés obligations, qui ne donnent aucun droit de participation à la gestion de la société (l'obligataire est un simple créancier de l'entreprise).

A / / / LES PARTS SOCIALES

1 Les parts sociales des associés d'une S.N.C.

Elles ne peuvent pas être représentées par des titres négociables. Elles ne peuvent être cédées qu'avec le consentement de tous les associés. Il y a lieu d'envisager les cessions entre vifs et la transmission par décès.

a / Cessions entre vifs

Les parts sociales ne peuvent être cédées qu'avec le consentement unanime des associés. Cette unanimité est nécessaire quelle que soit la forme de la cession (cession à titre onéreux ou donation, cession entre associés ou échange,...).

La cession autorisée par tous les associés doit faire l'objet d'un acte écrit, signifié à la société et publié au registre du commerce et des sociétés.

b / Transmission par décès

Le décès d'un associé met fin à la S.N.C., sauf clause contraire des statuts. L'article 21 de la loi du 24 juillet 1966 prévoit trois sortes de clauses de continuation.

— **1** — Clause prévoyant que la société continue avec les seuls **associés survivants.** Dans ce cas, les héritiers de l'associé décédé ont droit à une indemnisation égale à la valeur de leurs parts.

Cette valeur est, en général, déterminée à l'amiable entre les héritiers et les associés survivants. En cas de litige, le tribunal de commerce peut être saisi en référé.

— **2** — Clause prévoyant que la société continue avec les **héritiers ou des tiers.** La clause peut prévoir soit la continuation avec le conjoint survivant, soit avec un ou plusieurs des héritiers, soit avec toute autre personne désignée par les statuts ou (si ceux-ci l'autorisent) par disposition testamentaire.

— **3** — Clause prévoyant la continuation avec des **héritiers mineurs.** Si un ou plusieurs héritiers sont mineurs non émancipés, ceux-ci ne répondent des dettes de la société qu'à concurrence des forces de la succession de leur auteur.

En outre, la société doit être transformée dans le délai d'un an, à compter du décès, en société en commandite dont le mineur devient commanditaire. À défaut, elle est dissoute.

///// 2 // Les parts sociales des associés d'une S.A.R.L.

Les associés de S.A.R.L. n'ont pas la qualité de commerçant puisque leur responsabilité est limitée au montant de leurs apports. La contrepartie de ces apports est représentée par des parts sociales, qui ne sont pas des titres négociables comme les actions.

a / Cessions entre vifs

Il y a lieu de distinguer les cessions entre associés, les cessions à des tiers et les cessions aux conjoints, ascendants et descendants.

CESSIONS ENTRE ASSOCIÉS	CESSIONS À DES TIERS	CESSIONS AU CONJOINT ASCENDANTS OU DESCENDANTS
Les parts sont librement cessibles entre associés. Les statuts peuvent limiter cette libre cessibilité. Si la cession a pour conséquence de concentrer toutes les parts sociales dans la main d'un seul actionnaire, la S.A.R.L. se transforme en E.U.R.L.	Elles doivent être agréées par la majorité des associés représentant au moins les trois quarts des parts sociales (double majorité : par tête et en parts sociales). En cas de refus d'agrément, l'associé cédant peut obliger ses coassociés à acheter ou à faire acheter les parts pour lesquelles la cession est refusée.	Les parts sociales sont librement cessibles entre conjoints, ascendants et descendants (mais non aux collatéraux).

b/ Transmission par décès ou en cas de liquidation de communauté

Les parts sociales sont librement transmissibles par voie de succession ou en cas de liquidation de communauté de biens entre époux. Toutefois, les statuts peuvent stipuler que le conjoint ou un héritier ne peut devenir associé qu'après avoir été agréé selon les conditions prévues aux statuts. En cas de refus d'agrément, les associés sont tenus d'acquérir ou de faire acquérir les parts sociales dans un délai de trois mois à compter de ce refus.

L'associé d'une S.A.R.L. peut donc céder ses parts beaucoup plus facilement que l'associé d'une S.N.C.

B / / / LES ACTIONS

L'action est le titre négociable qui représente les droits de l'associé dans une société anonyme ou dans une société en commandite par actions. **L'action est une valeur mobilière.**

///// 1 // La notion de valeurs mobilières

Les valeurs mobilières constituent, à côté des mécanismes du crédit bancaire (voir collection DEGE, *Économie de l'entreprise*), une source essentielle du financement des sociétés.

Les valeurs mobilières sont **des titres négociables,** qui prouvent soit un droit de créance (obligations), soit des droits d'associés dans une société (actions).

Les valeurs mobilières sont **des biens meubles.** Les principales valeurs mobilières sont les actions, les certificats d'investissement, les fonds communs de placement et les obligations.

Les valeurs mobilières peuvent prendre la forme d'un titre nominatif ou d'un titre au porteur. La loi de finances de 1982 a posé le principe de la dématérialisation des valeurs mobilières : à compter du 3 novembre 1984 toutes les valeurs mobilières ont cessé « de faire l'objet pour leur circulation d'une représentation physique par des titres imprimés ».

Les valeurs ne sont plus matérialisées que par une inscription au compte de leur propriétaire. Le compte est tenu par l'émetteur si les titres sont demandés sous la forme nominative, par une banque s'ils sont demandés au porteur.

REMARQUE. Seules les sociétés cotées en Bourse peuvent émettre des actions au porteur.

/////2// Les différentes catégories d'actions

(Voir aussi le chapitre 3 du titre 4.)

- Actions nominatives et actions au porteur.
- Actions ordinaires et actions de préférence (actions à droit de vote double, actions de priorité).
- Actions d'apports en nature ou en numéraire.
- Actions sans droit de vote (voir ci-dessous actions à dividende prioritaire).

/////3// Les formes nouvelles d'actions

a / Les certificats d'investissement

Ce nouveau produit financier, qui se situe entre l'action et l'obligation, a été institué par la loi n° 83-1 du 3 janvier 1983 en vue de permettre aux entreprises publiques ou privées de développer leurs fonds propres en faisant appel à des capitaux extérieurs sans que ces opérations puissent avoir une influence sur le contrôle de la société.

L'émission de certificats d'investissement peut ainsi être un moyen de « verrouiller » le contrôle de la société et de faire obstacle à des O.P.A. ou à des changements de majorité inopinés (dans une mesure limitée il est vrai, puisque ces certificats ne doivent pas représenter plus du quart du capital).

Les certificats d'investissement sont donc des valeurs mobilières issues du fractionnement d'actions et représentant les droits pécuniaires attachés à celles-ci. Ce sont des titres négociables pouvant revêtir la forme nominative ou au porteur. La valeur nominale de ces certificats doit être égale à celle des actions de la société émettrice.

Toute société par actions (anonyme et en commandite par actions), qu'elle soit cotée ou non, qu'elle fasse ou non publiquement appel à l'épargne, qu'elle relève du secteur public ou du secteur privé, peut créer des certificats d'investissement.

Les titulaires de certificats d'investissement ont droit à toutes les sommes ou valeurs que l'assemblée générale des actionnaires décide de mettre en distribution : dividendes, réserves, primes d'émission,...

Contrairement aux actions, les certificats d'investissement n'offrent pas de droit de vote.

b/ Les actions à dividende prioritaire

Depuis la loi Monory du 13 juillet 1978, il existe une nouvelle catégorie d'action : les actions à dividende prioritaire (A.D.P.). Ainsi que l'indique son nom, cette action offre à son porteur un dividende prioritaire fixé par l'émetteur à l'émission (en général, on fixe un dividende plancher. Ex. : x % du nominal de l'action).

En contrepartie de cette sécurité, le porteur d'A.D.P. n'a pas de droit de vote.
Exemples d'actions à dividende prioritaire : Casino A.D.P., Legrand A.D.P.

C / / / LES OBLIGATIONS

Les obligations sont des titres représentatifs de créance sur l'entreprise.
Chaque emprunt émis se compose d'un certain nombre d'obligations. Les principaux émetteurs d'emprunts sont l'État, les entreprises publiques, les collectivités locales et les entreprises privées.
L'obligataire prête des fonds à l'entreprise en ne prenant aucun risque puisqu'il sera remboursé (sauf faillite de l'emprunteur) à une échéance prévue. Il touchera des intérêts chaque année pendant la durée de l'emprunt, à un taux déterminé au moment de l'émission.

L'entreprise inscrit l'emprunt obligataire au passif du bilan (dettes à long terme). Les intérêts constituent des frais financiers pour l'entreprise. Le remboursement de la somme est appelé amortissement de l'emprunt. Il peut se produire de différentes façons :

- Soit en totalité à l'échéance prévue.
- Soit par tranches annuelles égales.
- Soit par tirage au sort.

À titre d'exemple : emprunt à 17,30 %, émis en février 1982, pour une durée de dix ans. Amortissement en dix tranches égales à partir de février 1983.

Il existe de nombreux types d'obligations, ainsi que le montre le tableau ci-après (extrait de la lettre mensuelle du groupe C.I.C.).

TYPE	DÉFINITIONS ET CARACTÉRISTIQUES
OBLIGATIONS À TAUX FIXES	Intérêt fixe, annoncé dans le contrat d'émission et défini par rapport à la valeur nominale du titre. Les coupures sont actuellement de 5 000 F (cas le plus fréquent) et de 2 000 F pour les emprunts d'État. La durée a baissé au fil des ans : 8 à 12 ans pour les émissions récentes contre 15 à 20 ans dans les années 70. Le remboursement s'effectue soit progressivement (tirage au sort ou séries égales) soit en totalité au terme de l'emprunt.
OBLIGATIONS À FENÊTRES	Leur longue durée (18 ans) est atténuée par la possibilité (ou l'obligation) d'être remboursée par anticipation à échéances fixes. On peut demander le remboursement au terme des 7e, 10e et 14e années. On perd alors partiellement la valeur du coupon de l'année de sortie, taux supérieurs à ceux des obligations à taux fixes.
OBLIGATIONS À TAUX RÉVISABLES	Taux révisés soit tous les ans, soit tous les trois ans sur la base du taux moyen du marché des obligations relevé le mois (ou les 2 mois) précédant le versement du coupon. Durée 9 ans, en général amortissable en totalité au terme de l'emprunt.
OBLIGATIONS RENOUVELABLES DU TRÉSOR (O.R.T.)	Avec un taux fixe légèrement inférieur à celui des emprunts d'État, elles constituent un produit intermédiaire entre ces derniers et les bons du Trésor. Durée de vie courte (6 ans) avec la possibilité au bout de trois ans d'échanger son O.R.T. contre une O.R.T. à un taux plus avantageux. Coupure de 1 000 F. Les coupons sont capitalisés, ce qui offre l'avantage d'une imposition fiscale décalée : en cas de revente en Bourse, le coupon est inclus dans le cours ; seule la plus-value est éventuellement imposable.
OBLIGATIONS À BONS DISSOCIABLES	On souscrit deux titres différents (deux fois 5 000 F) dont le taux et la durée ne sont pas les mêmes. Ces titres sont cotés et négociés séparément.
OBLIGATIONS À BONS DE SOUSCRIPTION D'OBLIGATIONS	Le bon attaché à chaque obligation donne la possibilité de souscrire à des dates déterminées (généralement tous les six mois pendant 3 ans) et à un prix convenu une autre obligation aux mêmes modalités de taux et de durée. D'une durée de 9 ou 12 ans, ces obligations, amortissables par tranches égales tous les 3 ans, offrent une rémunération légèrement inférieure à celle des obligations classiques.
OBLIGATIONS CONVERTIBLES EN ACTIONS	Possibilité de convertir son obligation contre une action de la société. L'intérêt offert est inférieur à celui des obligations classiques (11 % contre 14 %). Des primes de remboursement croissantes sont en général prévues dans le contrat d'émission.
OBLIGATIONS À TAUX VARIABLES (OU FLOTTANTS)	Le taux suit l'évolution — soit du marché monétaire (emprunt à durée courte et à rentabilité plus faible) — soit des taux moyens à l'émission des emprunts en secteur public (cas le plus fréquent) — soit du marché en Bourse des emprunts d'État (cas des obligations indemnitaires des sociétés nationalisées en 1982). Un taux minimal est généralement garanti et l'intérêt peut éventuellement être augmenté ou diminué d'un certain pourcentage ou d'une marge fixe.
EMPRUNTS INDEXÉS	Emprunts dont la rémunération ou le capital remboursé varient en fonction de critères indépendants du marché obligataire. On en dénombre quatre principaux. Caisse nationale de l'énergie 3 % indexation sur les recettes d'E.D.F.-G.D.F. (complément d'intérêt et prime de remboursement). Emprunt d'État 4,5 % 1973 remboursement indexé sur les cours du napoléon. Possibilité de paiement des droits de mutation avec ces titres. Emprunt 7 % 1983 intérêt et remboursement indexés sous certaines conditions sur le cours du lingot de 1 kg. Remboursement intégral en 1988. Emprunt 8,80 % 1977 remboursement indexé sur l'écu européen. Avantage fiscal spécifique : abattement de 1 000 F s'ajoutant aux 5 000 F prévus pour les autres obligations.
TITRES PARTICIPATIFS	Il s'agit de capitaux qui entrent dans les fonds propres de l'entreprise, telles des actions, mais qui ont les caractéristiques des obligations avec toutefois une différence : leur durée est illimitée (sauf en cas de remboursement décidé par l'émetteur). La rémunération comporte deux parties : un intérêt garanti (fixe ou variable) auquel s'ajoute un revenu (qui peut représenter jusqu'à 40 % de la valeur nominale du titre) indexé sur les résultats de l'entreprise.

TITRE 5

L'évolution de l'entreprise

I - Les groupements de sociétés

II - Les techniques de concentration

III - Les entreprises en difficulté

I

Les groupements de sociétés (holding, conglomérat, etc.)

L'économie capitaliste engendre le rapprochement des sociétés commerciales selon des techniques et en vue d'objectifs variés. Bien que ce phénomène économique implique de nombreuses conséquences, ce n'est que depuis une période récente que le droit s'en préoccupe.

Après avoir analysé la notion, en constant développement, de groupe de sociétés, il conviendra d'étudier les techniques de concentration et de déconcentration d'entreprises.

A / / / LA NOTION DE GROUPE

1 L'économie

Plusieurs distinctions doivent être opérées.

- Le groupe de sociétés peut être ou non constitué sous forme de **holding.** Dans ce cas, la société mère se borne à gérer ses participations dans d'autres sociétés.
- Les activités du groupe peuvent être ou non complémentaires. Dans ce dernier cas, on parle généralement de **conglomérat.**.
- Le groupe peut réunir plusieurs sociétés sur un fondement égalitaire **(groupe de coopération)** ou mettre certaines d'entre elles en situation de dépendance économique par rapport à une ou plusieurs autres **(groupe de subordination).**

2 Le droit comptable

Il distingue la **participation** et le **placement.**

- **La participation.** Elle permet à une société d'exercer une influence, plus ou moins importante, sur une autre société. Lorsque cette participation donne à une société le contrôle sur une autre société, cette dernière devient la **filiale** de la première.
Il se peut également que chacune des sociétés dispose d'une participation dans l'autre, on parlera alors de participations réciproques ou de participations croisées.

- **Le placement.** Il permet à une société de disposer de titres d'une autre société sans chercher à la contrôler, mais simplement pour disposer d'un capital immobilisé et bénéficier d'une éventuelle distribution de dividendes.

3 Le droit des sociétés

La loi du 24 juillet 1966 prend en compte l'unité économique d'un groupe de sociétés, juridiquement distinctes, d'une façon relativement rigide.

Une loi du 12 juillet 1985 a donné une définition plus large de la notion de contrôle.

a / La loi de 1966

Le critère retenu est celui de **la détention d'une fraction du capital.**

Article 354 : une société est considérée comme une **filiale** d'une autre société lorsque cette dernière possède plus de la moitié de son capital.

Article 355 : une société détenant dans une autre société entre 10 % et 50 % de son capital est considérée comme détentrice d'une **simple participation** dans cette seconde société.

b / La loi de 1985

Le nouveau texte a de la notion de contrôle une vision moins mécanique et plus économique.

- **Article 355-1.** Le texte distingue trois formes de contrôle.

— 1 — Il y a contrôle lorsqu'une société détient **directement ou indirectement** une fraction du capital lui conférant la majorité des droits de vote dans les assemblées générales d'une autre société **(contrôle de droit** — *cf.* schéma p. 94**).**

— 2 — Il y a contrôle lorsqu'une société dispose seule de la majorité des droits de vote dans une autre société, en vertu d'un accord conclu avec d'autres associés ou actionnaires, et non contraire à l'intérêt de la société **(contrôle conjoint** — *cf.* schéma p. 94**).**

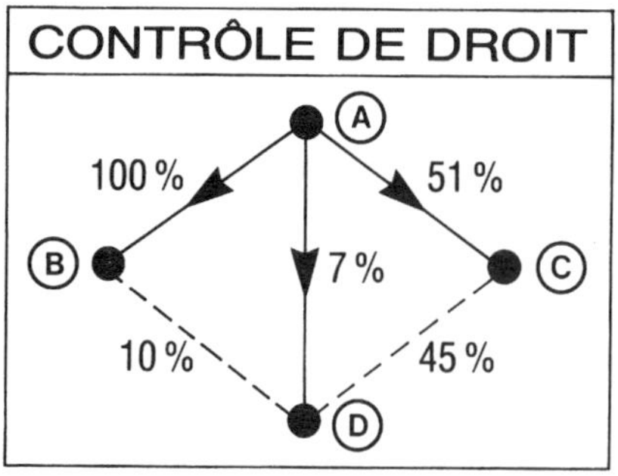

Ⓐ contrôle directement 7 % et indirectement 55 % de Ⓓ. Ⓐ dispose donc de la majorité des droits de vote en Ⓓ.

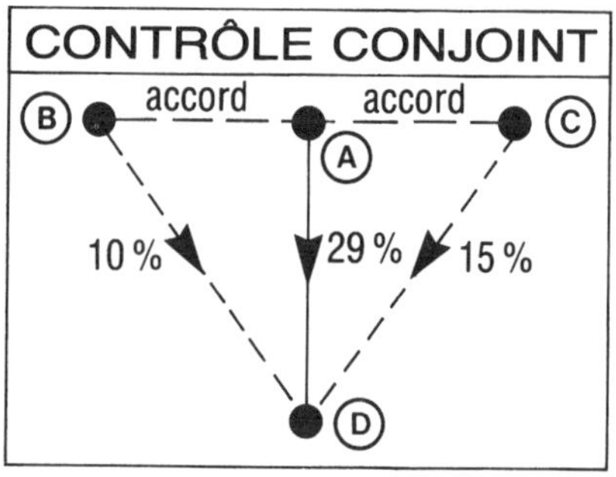

Ⓐ, en vertu de l'accord passé avec Ⓑ et Ⓒ, actionnaires de Ⓓ, dispose de la majorité des droits de vote en Ⓓ (29 % + 15 % + 10 % = 54 %).

— **3** — Il y a contrôle lorsqu'une société détermine en fait, par les droits de vote dont elle dispose, les décisions dans les assemblées générales d'une autre société **(contrôle de fait).** Cette forme de contrôle est présumée lorsque la première société dispose dans la seconde, directement ou indirectement, d'une fraction des droits de vote supérieure à **40 %** et qu'aucun autre associé ou actionnaire ne détient, directement ou indirectement, une fraction supérieure à la sienne.

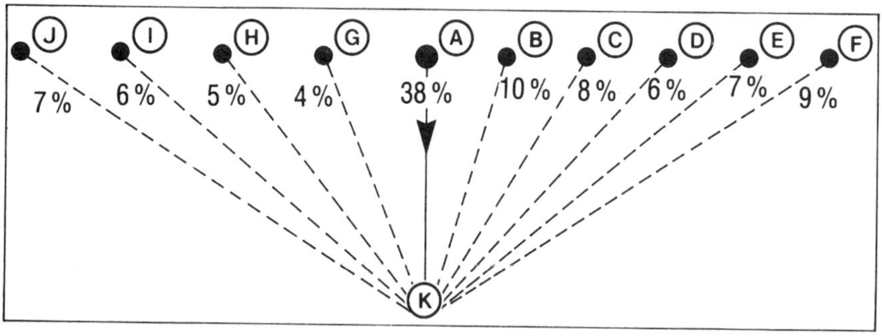

En raison de la dispersion du capital entre les mains de nombreux associés ou actionnaires, il est fort probable que la société Ⓐ dispose du contrôle de fait sur la société Ⓚ. En dessous de 40 % du capital, ce contrôle doit être prouvé ; au-delà, il est présumé.

● **Article 355-2.** Le texte ajoute une précision quant à la notion de **contrôle indirect :** toute participation, même inférieure à 10 %, détenue par une société contrôlée Ⓑ par une autre société Ⓒ, est considérée comme détenue indirectement par la troisième société Ⓐ qui contrôle la première société Ⓑ (voir tableau ci-après). L'article 355-2 permet de déterminer le contrôle de droit (combinaison des articles 355-1 et -2).

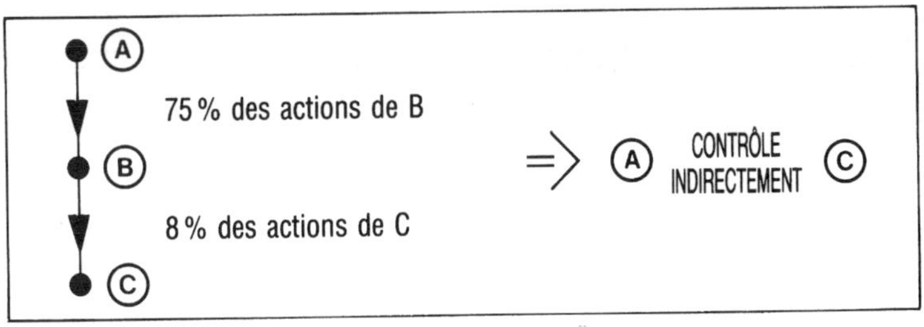

La typologie des articles 355-1 et -2 est prise en compte pour l'application des règles concernant l'information des associés, du public, et pour l'**autocontrôle.** C'est aborder là les conséquences juridiques de la notion de groupe de sociétés.

B / / / LES CONSÉQUENCES DE LA NOTION DE GROUPE

Elles sont nombreuses et nécessitent d'être abordées successivement.

/ / / / / 1 / / L'information des associés et du public

Dans deux séries d'hypothèses, le législateur impose à l'acquéreur du capital d'une société de le déclarer.

a / Dans la première hypothèse, le législateur tend à **assurer la transparence du capital des sociétés par actions.**

En conséquence, l'article 356-I dispose que :

- sous peine d'une sanction pénale
- toute personne physique ou morale
- qui vient à posséder un nombre d'actions représentant plus du 20e, 10e, 5e, 1/3, 1/2 ou 2/3 du capital d'une société
- ayant son siège sur le territoire français
- et dont les actions sont inscrites à la cote officielle, à la cote du second marché ou au hors cote d'une bourse de valeurs
- **doit informer cette société**
- dans les quinze jours à compter du franchissement du seuil
- du nombre total d'actions ou de droits de vote qu'elle possède.

b / Dans la seconde hypothèse, et afin de **faciliter l'application des dispositions relatives à l'autocontrôle,** le législateur impose aux sociétés contrôlées de notifier leur participation dans les sociétés qui les contrôlent.

2 L'autocontrôle

● Les participations réciproques entraînent une **relative fictivité du capital social.**

À titre d'exemple : en cas d'augmentation du capital de deux sociétés, chacune d'elles participe à sa propre augmentation de capital puisqu'elle doit souscrire pour les actions [les siennes] qu'elle détient dans l'autre société.

● Les participations réciproques permettent également aux dirigeants sociaux de favoriser leur réélection dans chacune des sociétés grâce au vote de l'autre société (pratique du verrouillage). Aussi le législateur a-t-il voulu modérer les participations réciproques.

La loi de 1966 limite les participations réciproques directes : une société par actions dont une fraction du capital supérieure à 10 % est la propriété d'une autre société par actions ne peut posséder d'actions de cette dernière.

La loi de 1985 étend cette règle aux participations réciproques indirectes, outre qu'elle circonscrit le pouvoir attaché aux actions d'autocontrôle.

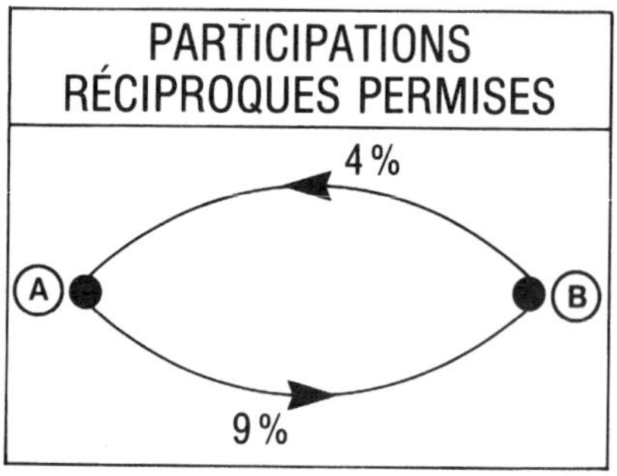

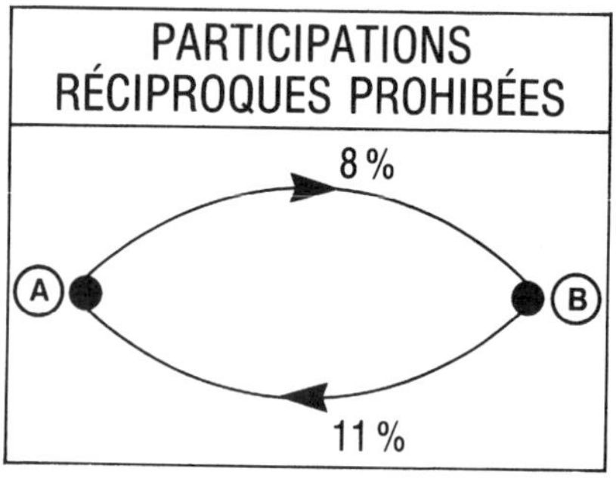

Dans le cas ci-dessus, (A) doit mettre fin à sa participation dans (B).

3 Le droit fiscal

● Lorsqu'une société soumise à l'impôt sur les sociétés détient au moins 10 % du capital d'une autre société également soumise à l'impôt sur les sociétés, cette société est exonérée pour la fraction de ses bénéfices qui provient des dividendes de sa filiale, sauf quote-part forfaitaire de 5 %.

● Les sociétés mères françaises peuvent se constituer seules redevables de l'impôt sur les sociétés dû sur l'ensemble des résultats du groupe qu'elles forment avec leurs filiales françaises, détenues à 95 % au moins (système optionnel dit d'**intégration fiscale**) — voir collection DEGE, *Droit fiscal.*

/ / / / / 4 / / Le droit comptable

Les groupes de sociétés peuvent présenter des **comptes consolidés.**
La consolidation entend, dans des comptes uniques, de présenter la situation comptable et le résultat d'exploitation d'un groupe de sociétés en faisant comme si les membres de ce groupe ne formaient qu'une seule entité comptable.

/ / / / / 5 / / Le droit du travail

- **Les institutions représentatives du personnel.** Le comité d'entreprise doit être consulté sur l'organisation juridique et économique de l'entreprise, donc sur toutes les opérations de concentration.
Dans un groupement de sociétés formé d'une société dominante et de sociétés dépendantes, un **comité de groupe** doit être installé.

- **Les relations individuelles de travail.** Les affectations successives d'un salarié dans les différentes sociétés d'un groupe laissent subsister la permanence de son contrat de travail.

/ / / / / 6 / / La situation des créanciers

En principe, les **filiales** sont considérées comme des sociétés indépendantes et autonomes : leurs dettes n'obligent pas la société mère. Mais cette règle comporte de nombreux tempéraments au profit des créanciers.
À titre d'exemple : création frauduleuse d'une filiale pour diminuer l'actif de la société mère au détriment des créanciers de cette dernière.

/ / / / / 7 / / Les opérations de prêt

Les administrateurs, personnes morales, peuvent emprunter auprès des sociétés qu'elles dirigent, ou se faire cautionner par elles leurs engagements auprès des tiers (art. 106 de la loi de 1966), ce qui permet des opérations d'appuis financiers entre les membres d'un groupe de sociétés.
Par dérogation au monopole des établissements de crédit, la loi bancaire de 1984 autorise les opérations de trésorerie entre les membres d'un même groupe de sociétés.

/ / / / / 8 / / Le statut des organes de sociétés participant à un groupe

L'unité du groupe exerce une influence sur ses organes.
À titre d'exemple : un commissaire aux comptes ou aux apports exerçant ses

fonctions dans une société membre d'un groupe ne peut le faire dans d'autres sociétés de celui-ci.

//////9// La protection des associés minoritaires

Les **associés minoritaires** peuvent être désavantagés, **au moment de l'acquisition,** par une autre société, des actions de la société dont ils sont membres.

À titre d'exemple : avantages accordés aux associés majoritaires pour qu'ils cèdent leurs parts ; baisse éventuelle du bénéfice suite à la réorganisation de l'entreprise postérieurement à son acquisition, etc.

Pour les sociétés cotées en Bourse, la réglementation tend à assurer un traitement égal à tous les actionnaires. En dehors des transactions boursières, la protection des minoritaires n'est pas véritablement assurée : la Cour de cassation ne soumet pas à un régime particulier les cessions de parts sociales ayant pour effet de transférer le contrôle d'une société à un groupe concurrent.

L'exercice du contrôle entraîne d'autres risques **une fois l'acquisition effectuée** (la société peut être vidée de ses actifs au profit d'une autre société du groupe, etc.). La loi impose des mesures d'information ou la possibilité pour les actionnaires, représentant au moins 1/10e du capital social, d'obtenir la nomination d'un expert. À partir de là, pour abus de droit, les actionnaires minoritaires peuvent tenter de faire annuler les décisions contraires à l'intérêt de la société ou demander la désignation d'un administrateur provisoire.

II

Les techniques de concentration

*Il existe plusieurs méthodes de concentration (accroissement de la dimension des entreprises) ou de déconcentration des sociétés. Certaines sont **purement contractuelles,** d'autres font appel au **mécanisme du droit des sociétés.***

A / / / LES TECHNIQUES CONTRACTUELLES DE CONCENTRATION

Il s'agit des différents contrats d'intégration grâce auxquels une entreprise place une autre entreprise en état de dépendance économique à son égard (*cf.* titre 6-VI), afin de contrôler sa politique économique et commerciale.

B / / / LES TECHNIQUES SOCIÉTAIRES DE CONCENTRATION

Il faut distinguer la fusion de la scission et de l'apport partiel d'actif.

/ / / / / 1 / / La fusion

a / Définition et nature juridique

La fusion est l'opération au terme de laquelle deux ou plusieurs sociétés distinctes se réunissent pour ne plus en former qu'une seule. Elle s'opère soit par **l'absorption** d'une société par une autre, soit par **la création d'une société nouvelle.**

La fusion entraîne :

- La dissolution sans liquidation de droit des sociétés (qui disparaissent).
- La transmission universelle de leur patrimoine à la ou aux sociétés bénéficiaires.

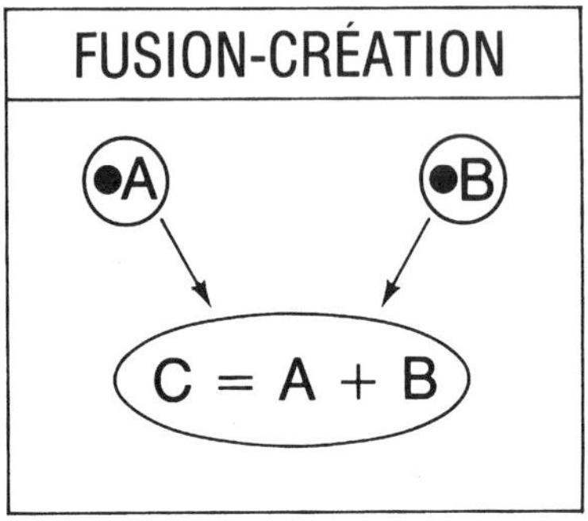

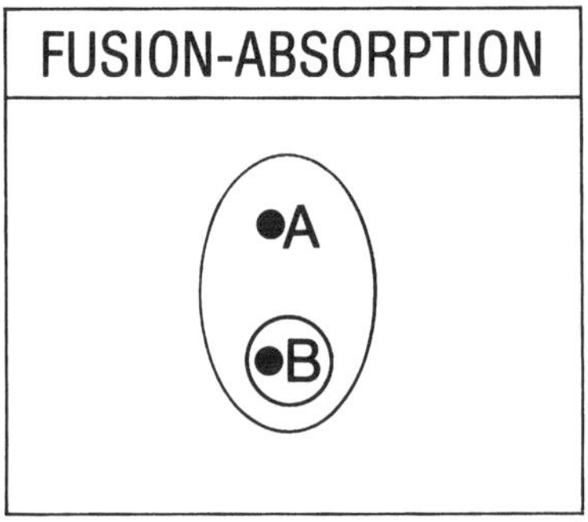

Elle constitue une opération de concentration économique et s'oppose à la notion de groupe de sociétés, laquelle laisse subsister la personnalité morale des sociétés qui la composent.

b / Les opérations de fusion

Une fusion nécessite généralement une longue préparation et des pourparlers nombreux au cours desquels sont fixés très précisément les conditions de la fusion.

La fusion comporte plusieurs étapes.

1. **Projet de fusion** fixé par le conseil d'administration ou le directoire des sociétés participant à l'opération.
2. **Rapport écrit** sur les modalités de la fusion, établi par un ou plusieurs commissaires à la fusion désignés par le président du tribunal de commerce statuant sur requête.
3. **Rapport écrit** du conseil d'administration ou du directoire des sociétés participantes, expliquant et justifiant les raisons de la fusion d'un point de vue juridique et économique.
4. **Information des actionnaires,** qui doivent pouvoir disposer de ses trois documents au moins un mois avant la date à laquelle l'assemblée générale devra se prononcer sur l'opération.
5. **Décision des actionnaires** des sociétés participantes, lesquels se prononcent au sein de leurs assemblées générales extraordinaires respectives.
6. **Délivrance d'actions** de la société absorbante aux actionnaires de la société absorbée, ou de la société nouvelle, dans une proportion correspondant à la valeur respective du patrimoine des différentes sociétés ayant participé à l'opération.

c/ La protection des créanciers

LES CRÉANCIERS NON OBLIGATAIRES	LES CRÉANCIERS OBLIGATAIRES ET LES PORTEURS DE TITRES PARTICIPATIFS
● Les créanciers de la **société absorbée** ne sont pas appelés à se prononcer sur le projet de fusion. ● Ils deviennent créanciers de la **société absorbante.** ● Si l'opération de fusion leur crée un préjudice (ex. : la société absorbante a un passif supérieur à son actif) : ▬ les créanciers dont la créance est antérieure à la publicité du projet de fusion ont le droit de faire opposition en justice à ce projet ; ▬ le tribunal apprécie le préjudice causé aux créanciers. Dans l'affirmative, il peut ordonner le remboursement des créances ou la constitution d'une garantie par la société ; ▬ à défaut, la fusion est inopposable à ces créanciers qui continuent à disposer d'un droit exclusif sur le patrimoine de la société absorbée.	● Les assemblées d'obligataires de la **société absorbante** n'ont pas à se prononcer sur le projet de fusion. Elles peuvent cependant s'y opposer dans les mêmes conditions que les créanciers non obligataires. ● La **société absorbée** a à sa disposition deux solutions. ▬ Ne pas consulter ses créanciers obligataires, mais leur proposer un remboursement de leurs titres sur simple demande de leur part. ▬ Soumettre le projet de fusion à l'assemblée des obligataires. En cas d'approbation, ils deviennent créanciers de la société absorbante aux conditions fixées par le contrat de fusion. En cas de refus, la société peut passer outre, sous réserve d'opposition, dans les conditions précédemment étudiées, de la part de ses obligataires. ● Les titulaires d'obligations convertibles ou d'obligations échangeables contre des actions doivent être impérativement consultés. ● Les titulaires d'obligations de souscription d'actions d'une société absorbée peuvent souscrire des actions de la société absorbante. ● Les titulaires de titres participatifs sont dans la même situation que les obligataires.

/////2// La scission

La scission constitue **une opération économique de déconcentration. Elle aboutit au partage du patrimoine d'une société entre plusieurs sociétés nouvelles ou existantes.**

Comme la fusion, la scission entraîne : ● La dissolution sans liquidation de la société scindée. ● La transmission universelle (actif et passif) de son patrimoine aux sociétés bénéficiaires. ● Avec échange des actions de la société scindée contre les actions des sociétés bénéficiaires.

Les règles applicables à la fusion sont étendues à la scission (décision d'une assemblée générale extraordinaire, rapport d'un ou de plusieurs commissaires à la scission, approbation des apports faits aux sociétés bénéficiaires).

La protection des créanciers est différente.

CRÉANCIERS NON OBLIGATAIRES	CRÉANCIERS OBLIGATAIRES
● Les **sociétés bénéficiaires** d'apports, consécutivement à une scission, sont débitrices solidaires des créanciers non obligataires de la société scindée. Cependant, l'acte de scission peut écarter cette solidarité, sous réserve pour les créanciers de faire opposition dans les mêmes conditions et avec les mêmes effets qu'en matière de fusion.	● La réglementation est identique pour les créanciers obligataires de la **société scindée.** Cependant, cette dernière peut ou non les consulter sur les conditions de l'opération envisagée. ▬ Si elle ne les consulte pas, elle doit rembourser leurs titres sur simple demande de leur part. ▬ Si elle les consulte et que les obligataires s'opposent à l'opération, la société peut passer outre, sous réserve d'opposition judiciaire dans les mêmes conditions qu'en matière de fusion. Ce projet de scission n'a pas à être soumis aux créanciers obligataires des sociétés bénéficiaires.

/////3// *L'apport partiel d'actifs*

Opération qui consiste, pour une société, à faire apport à une autre société, nouvelle ou préexistante, d'une partie de ses éléments d'actif, et à recevoir, en contrepartie, des actions ou des parts de la société bénéficiaire de ces apports.

Différences avec la fusion et la scission.

- La société effectuant l'apport conserve le reste de son patrimoine et son existence juridique. Elle ne disparaît pas.
- L'apport partiel d'actifs s'analyse selon un apport en nature de biens particuliers ou d'un ensemble de biens (ex. : branche d'activité) : pas de transmission universelle d'une partie de son patrimoine, sauf si elle soumet l'opération au droit commun des scissions.

Deux méthodes peuvent être utilisées pour réaliser un apport partiel d'actifs.

— **1** — Droit commun des scissions (sous la réserve précitée).

— **2** — Régime des augmentations de capital avec apports en nature.

III

Les entreprises en difficulté

Le droit des entreprises en difficulté a été profondément modifié, à l'initiative de M. Robert Badinter, en 1984 et 1985. Il convient de distinguer deux types de situation.

— **1** — *La prévention et le règlement amiable des difficultés des entreprises (loi du 1er mars 1984).*

— **2** — *Le redressement judiciaire et la liquidation judiciaire de l'entreprise (loi du 25 janvier 1985).*

A / / / PRÉVENTION ET RÈGLEMENT AMIABLE DES DIFFICULTÉS DES ENTREPRISES

« Les difficultés auxquelles sont confrontées les entreprises sont d'origine multiple. Elles peuvent être conjoncturelles, sectorielles ou bien internes à l'entreprise. S'agissant des causes internes à l'entreprise, toutes les études confirment deux constatations : d'une part, la donnée fondamentale des défaillances d'entreprise réside dans leur vulnérabilité financière, liée à la sous-capitalisation et à l'insuffisance de fonds propres ; d'autre part, ces défaillances sont généralement prévisibles et pourraient être évitées à temps par un contrôle de gestion plus rigoureux.

Il est, dès lors, essentiel que les chefs d'entreprise aient connaissance le plus tôt possible de la situation réelle. À défaut, l'expérience montre que les mesures engagées tardivement sont généralement vouées à l'échec. Prévenir les difficultés, c'est donc avant tout amener les dirigeants à prendre conscience de la situation actuelle et de l'évolution de l'entreprise. C'est ensuite mettre en place des dispositifs d'alerte, voire de règlement amiable des difficultés naissantes lorsque l'évolution défavorable se confirme. »

Source : extrait de l'exposé des motifs du projet de loi relatif à la prévention et au règlement amiable des entreprises.

1 Les mécanismes de prévention

a / Le renforcement des fonds propres de l'entreprise

De même que la loi du 30 décembre 1981 a relevé le capital minimal des sociétés anonymes (de 100 000 à 250 000 F pour les S.A. ne faisant pas appel à l'épargne publique, de 500 000 à 1 500 000 F pour les autres), de même la loi du 1er mars 1984 porte le montant minimal du capital des S.A.R.L. de 20 000 F à 50 000 F.

b / L'amélioration de l'information prévisionnelle

Les entreprises sont dorénavant tenues d'élaborer des documents de gestion plus détaillés et prévisionnels.

- Obligation d'établir semestriellement une situation de l'actif réalisable et disponible, et du passif exigible. (Ces documents sont transmis aux comités d'entreprises et pour observation aux commissaires aux comptes.)
- Obligation d'établir annuellement le plan de financement prévisionnel et le compte de résultats prévisionnel.

Ces obligations s'ajoutent aux obligations comptables.

c / Renforcement du contrôle des comptes

L'intervention des commissaires aux comptes est désormais prévue dans toutes les sociétés commerciales dépassant 50 salariés et 10 millions de francs de chiffre d'affaires.

d / Mise en place des mécanismes d'alerte

- **Alerte par les commissaires aux comptes.** Les commissaires aux comptes sont tenus d'attirer l'attention des dirigeants d'entreprise (conseil d'administration ou conseil de surveillance dans les S.A., gérant dans les S.A.R.L.) sur tout fait de nature à compromettre la continuité de l'exploitation de l'entreprise.

Les commissaires aux comptes, très compétents en comptabilité, fiscalité et droit, sont à même de relever lors de leur contrôle les indices de la dégradation économique de l'entreprise.
Les commissaires aux comptes qui constatent qu'aucune mesure efficace n'est prise pour redresser la situation doivent informer l'assemblée générale des actionnaires ou les associés.

Afin d'assurer la protection du commissaire aux comptes contre une révocation abusive avant l'expiration normale de ses fonctions, la loi prévoit que la révocation ne peut intervenir que sur décision de justice.

Parallèlement à ce renforcement de la mission des commissaires aux comptes, les partenaires de l'entreprise, salariés et actionnaires, ont des droits nouveaux.

● **Alerte par le comité d'entreprise.** Un véritable droit de contrôle est accordé au comité d'entreprise qui peut consulter tous les documents de gestion rétrospectifs et prévisionnels. Lorsque le C.E. a connaissance de faits de nature à affecter de manière préoccupante (ralentissement des commandes, perte d'un fournisseur ou d'un client important) la situation économique de l'entreprise, il peut demander à l'employeur de lui fournir des explications. Si les réponses de l'employeur confirment le danger, le C.E. élabore un rapport en se faisant assister d'un expert-comptable rémunéré par l'entreprise. Le comité peut convoquer le commissaire aux comptes pour obtenir des informations. Il peut décider de saisir le conseil d'administration ou de surveillance (S.A.), qui doit délibérer dans le mois de la saisine.

● **Alerte par associés ou actionnaires.** Un ou plusieurs associés (S.A.R.L.), ou actionnaires (S.A.), représentant au moins 1/10 du capital social, peuvent demander au président du tribunal de commerce, statuant **en référé,** la désignation d'un ou de plusieurs experts chargés de présenter un **rapport** sur une ou plusieurs opérations de gestion.

Ce droit appartient également au comité d'entreprise. Le rapport est déposé au greffe par les experts. Le greffier l'adresse au demandeur (par exemple, les actionnaires), au commissaire aux comptes, au comité d'entreprise, au président du conseil d'administration.

● **Alerte par le président du tribunal de commerce.** Les dirigeants de sociétés commerciales et de G.I.E. dont les comptes font apparaître une perte nette comptable supérieure à un tiers du montant des capitaux propres en fin d'exercice peuvent être convoqués par le président du tribunal de commerce afin d'indiquer les mesures qu'ils envisagent pour redresser la situation.

2 Le règlement amiable

« Dans bien des cas, les mécanismes d'alerte interne, même s'ils atteignent leur objectif essentiel qui est de faire prendre conscience aux dirigeants, et au plus tôt, d'une évolution préoccupante de leur affaire, ne permettront pas pour autant à l'entreprise de trouver toujours dans ses propres ressources les moyens de surmonter ses difficultés.

L'entreprise est encore saine et n'est pas en état de cessation de paiement mais le redressement dépasse ses seules possibilités. (...)

Le règlement amiable consiste en la possibilité, pour les dirigeants de sociétés et de groupements, désormais tenus d'établir les nouveaux documents prévisionnels, de s'adresser au président du tribunal de commerce afin de négocier avec leurs principaux créanciers et sous les auspices d'un conciliateur, nommé par ce président, des délais de paiement ou des remises de dettes en vue de la mise en œuvre d'un plan de redressement, tel qu'il sera préconisé par ce président. Le procureur de la République, qui peut saisir ce magistrat et le comité d'entreprise, est informé des mesures prises et d'un éventuel accord. Celui-ci ne lie que les créanciers qui y ont souscrit. »

Cette procédure de règlement amiable est ouverte aux dirigeants d'entreprise dont les comptes prévisionnels font apparaître des besoins qui ne peuvent être couverts par un financement adapté à leurs possibilités. Le comité d'entreprise ne joue aucun rôle actif dans le règlement amiable, et il ne peut prendre l'initiative de déclencher cette procédure.

Le C.E. peut néanmoins être appelé à fournir au président du tribunal des informations.

a / La demande de règlement amiable

La demande de règlement amiable est présentée par écrit, au tribunal compétent, et par le représentant légal de l'entreprise en difficulté : tribunal de commerce pour les entreprises commerciales ou artisanales, tribunal de grande instance pour les autres entreprises ayant un objet économique (société civile immobilière, par exemple).

Dans cette demande sont présentées les mesures de redressement envisagées.

b / La procédure de règlement amiable

Le président du tribunal nomme un **conciliateur** qui va tenter de favoriser un accord entre l'entreprise et les principaux créanciers (délais de paiement, remises de dettes,...). L'accord n'est pas communiqué au comité d'entreprise. Il ne lie que les créanciers qui y ont souscrit. Il suspend, pendant la durée de l'exécution de l'accord, toute poursuite individuelle de la part des créanciers signataires pour obtenir le paiement de leurs créances.

En cas d'inexécution par l'entreprise du règlement amiable, une procédure de règlement judiciaire peut être ouverte d'office par le tribunal, ou sur demande du débiteur, d'un créancier partie à l'accord ou du procureur de la République.

B / / / LE REDRESSEMENT JUDICIAIRE DE L'ENTREPRISE

La loi du 25 janvier 1985 doit permettre : la sauvegarde de l'entreprise, le maintien de l'activité et de l'emploi, et l'apurement du passif.

> La loi du 25 janvier 1985, par la mise en place d'une procédure se voulant efficace et rapide, cherche à assurer **le redressement des entreprises ou des unités de production qui demeurent viables.** L'article 1er de la loi stipule : « Il est institué une procédure de redressement judiciaire destinée à permettre la sauvegarde de l'entreprise, le maintien *de l'activité et de l'emploi et l'apurement du passif.* » *« Le redressement judiciaire »*, souligna un député lors des débats parlementaires, *« n'est plus l'antichambre de la liquidation, c'est plutôt une hospitalisation en vue d'un redressement ».*
>
> *Source : Prévention et traitement des difficultés des entreprises,* de G. Guéry, éd. CLET.

///// 1 /// Les conditions d'ouverture de la procédure

La procédure s'applique à toutes les entreprises, sauf à celles dont l'effectif est inférieur à cinquante employés et le chiffre d'affaires inférieur à 20 millions de francs, et qui bénéficient d'un régime simplifié (90 % des entreprises françaises). Elle s'applique également à tous les commerçants, personne physique, ainsi qu'aux artisans.

Le redressement judiciaire ne s'ouvre qu'en cas de cessation de paiement. La procédure ne pourra être ouverte que si trois conditions sont réunies.

— **1** — L'entreprise se trouve en cessation de paiement.

— **2** — Une déclaration de cessation de paiement a été déposée au tribunal.

— **3** — Le tribunal compétent a rendu un jugement d'ouverture de la procédure.

a / La notion de cessation de paiement

La cessation de paiement est l'impossibilité de faire face au passif exigible avec son actif disponible. Elle se traduit par le non-paiement des créances.
Il appartient au tribunal saisi d'apprécier si les conditions de la cessation de paiement sont réunies (tribunal de commerce si le débiteur est un commerçant ou un artisan, T.G.I. si le débiteur est une personne privée non commerçante).
Le tribunal territorialement compétent est celui dans le ressort duquel se trouve le siège social de l'entreprise du débiteur (ou son principal établissement si le siège social est à l'étranger).

b / La déclaration de cessation de paiement

L'ouverture de la procédure de redressement judiciaire doit être demandée par les dirigeants de la société en cessation de paiement, au plus tard dans les quinze jours qui suivent cette cessation.
Un créancier par assignation, le procureur de la République par saisine d'office, peut également déclencher l'ouverture de la procédure.

c / Le jugement d'ouverture de la procédure

Le tribunal statue sur l'ouverture de la procédure après avoir entendu le débiteur et les représentants du comité d'entreprise (à défaut, les délégués du personnel). Le tribunal fixe la date de cessation de paiement.
Le jugement ouvre une période d'observation pendant laquelle est élaboré un bilan économique et social de l'entreprise. Dans son jugement, le tribunal désigne **le juge-commissaire, le représentant des créanciers et l'administrateur judiciaire** (voir paragraphe 3 en infra). Il invite le comité d'entreprise (ou, à défaut, les délégués du personnel ou les salariés) à désigner au sein de l'entreprise un représentant des salariés (élection à vote secret).

//////2// La procédure et les organes de la procédure

PROCÉDURE SIMPLIFIÉE
(applicable à 80 % des entreprises — cas des P.M.E.)

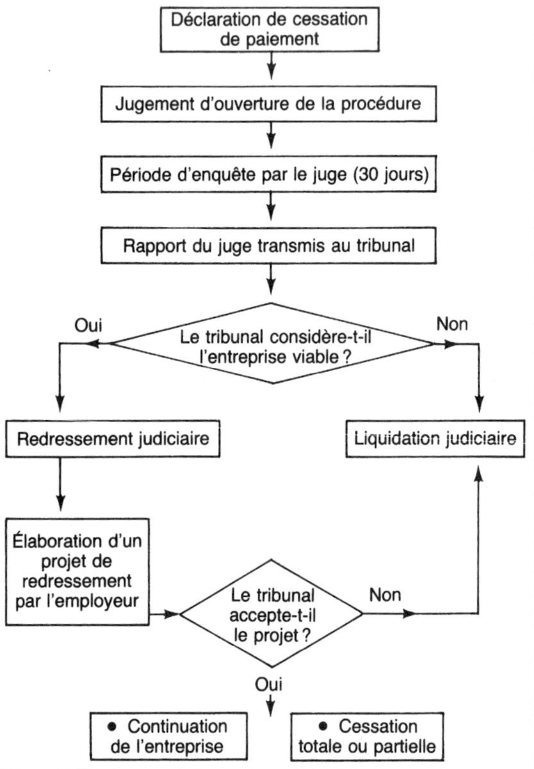

La procédure simplifiée est applicable aux entreprises employant moins de cinquante salariés et ayant un chiffre d'affaires hors taxe inférieur à 20 millions de francs.

C'est une procédure légère, rapide, et peu coûteuse.
Dès l'ouverture de la procédure le juge effectue une enquête. (Il dispose de trente jours.)

Le tribunal prend connaissance de l'enquête et peut décider si un plan de redressement est envisageable. Dans cette hypothèse, le chef d'entreprise, assisté par un expert, poursuit l'activité et élabore un projet.

Il dispose de quatre mois pour l'élaboration de ce projet.

À la lecture du projet, le tribunal prend sa décision, qui peut être :

- la continuation de l'entreprise, sous certaines conditions, ou sa cession ;
- liquidation judiciaire si aucune solution ne peut être trouvée.

- **Le juge-commissaire.** Il est chargé de veiller au déroulement rapide de la procédure et à la protection des intérêts en présence.
- **L'administrateur judiciaire.** Il est chargé de proposer au tribunal un plan de continuation ou de liquidation. Pendant la procédure, il est tenu de requérir du chef d'entreprise ou, selon les cas, de faire lui-même tous les actes nécessaires à la préservation des capacités de production de l'entreprise (le rôle de l'administrateur peut être tenu par le juge-commissaire dans les procédures simplifiées — *cf. infra*).
- **Le représentant des créanciers.** Il a pour mission de défendre l'intérêt collectif des créanciers. Il reçoit et vérifie les créances et négocie avec les créanciers le règlement du passif.

● **Le représentant des salariés.** Il a pour mission de vérifier le relevé des créances de salaires établi par le représentant des créanciers. Le temps passé à l'exercice de sa mission est payé comme temps de travail.

● **Les experts.** L'administrateur judiciaire peut demander au tribunal la désignation d'experts pour l'aider dans son diagnostic.

REMARQUES. Les entreprises bénéficiant du régime simplifié peuvent opter pour le régime normal si le tribunal estime qu'il est de nature à favoriser le redressement de l'entreprise. Les délais indiqués dans ces tableaux peuvent être prolongés par le tribunal.

PROCÉDURE GÉNÉRALE

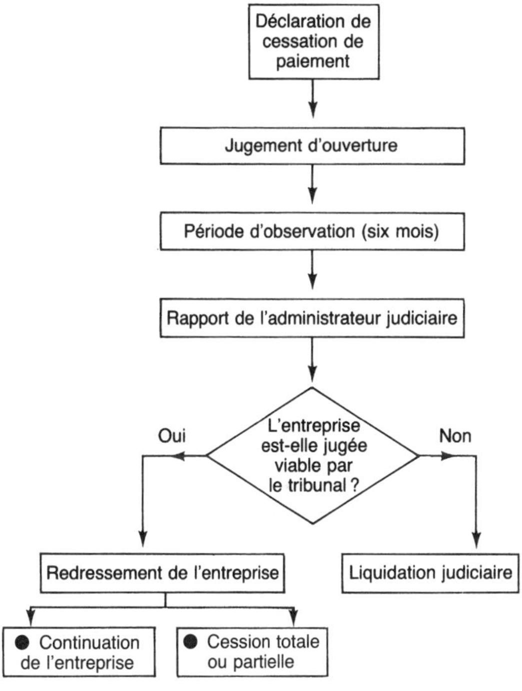

La procédure générale est applicable aux sociétés de plus de 50 salariés et dont le C.A. est supérieur à 20 millions de francs.

L'appréciation de la viabilité de l'entreprise se fait en deux temps.

1. Une phase d'observation.
Le tribunal nomme un administrateur judiciaire (sur une liste établie par une commission nationale) qui est chargé :
- d'établir le bilan économique et social de l'entreprise et de dresser un rapport ;
- de proposer soit un plan de redressement, soit la cession totale ou partielle de l'entreprise, soit la liquidation judiciaire.

La phase d'observation dure six mois (renouvelable dans certains cas).

2. Le tribunal choisit une des trois solutions ci-après :
- Liquidation judiciaire.
- Continuation de l'entreprise.
- Continuation de l'entreprise avec cession.

///// 3 // *La période d'observation (procédure générale)*

C'est la phase pendant laquelle l'administrateur dresse un bilan économique et social de l'entreprise et prépare un projet de plan de redressement.

● **L'administrateur judiciaire,** nous l'avons vu, peut prendre lui-même toutes les mesures utiles ou nécessaires à la préservation de l'entreprise. À cet effet, l'administrateur peut se faire remettre tous les documents et livres comptables, demander au juge-commissaire de décider de l'apposition des scellés sur tout ou partie des biens du débiteur, puis de procéder à l'inventaire des biens du débiteur.

● Le juge-commissaire fixe le montant de la rémunération du chef d'entreprise.

● Le chef d'entreprise reste en place et participe, avec l'administrateur judiciaire, à l'établissement du plan de redressement. Il subit dans la gestion de son patrimoine des restrictions qui dépendent de l'étendue des pouvoirs conférés à l'administrateur judiciaire. Il lui est interdit de payer toutes les créances nées antérieurement au jugement d'ouverture.

● Le représentant des créanciers reçoit les créances, les vérifie et négocie le règlement du passif. Pour ne pas compromettre les chances de survie de l'entreprise en difficulté, avec laquelle personne n'accepterait plus de négocier des crédits, un **droit de priorité** est reconnu aux créances nées après l'ouverture de la procédure. De même, pour encourager les banques à prêter (après autorisation du juge-commissaire) de l'argent aux entreprises en difficulté, pendant la période d'observation, **la loi *superprivilégie* les nouveaux crédits.**

Les créances seront payées dans l'ordre suivant : d'abord le superprivilège des salariés, puis les créances nées postérieurement au jugement d'ouverture (créances salariales, frais de justice, prêts bancaires et crédit fournisseur, autres créances selon leur rang — *cf. infra*), et enfin les créances nées antérieurement au jugement d'ouverture.

● Le représentant des salariés est tenu à l'obligation de discrétion et ne peut être licencié qu'avec l'autorisation de l'inspecteur du travail. Il a pour mission de vérifier le relevé des créances des salariés.

/////4// Le redressement judiciaire proprement dit

À la fin de la période d'observation (ou de la période d'enquête), après avoir pris connaissance du rapport de l'administrateur judiciaire, le tribunal peut accepter **le plan de redressement** de l'entreprise ou en prononcer **la liquidation.**

Pour ce **plan de redressement,** le tribunal fixe sa durée ainsi que les pouvoirs de l'administrateur. Il précise l'avenir de l'entreprise et les perspectives d'emploi. Le tribunal peut opter pour **la continuation** ou pour **la cession** de l'entreprise.

CONTINUATION DE L'ENTREPRISE	CESSION TOTALE OU PARTIELLE
Celle-ci peut s'accompagner de contraintes pour l'entrepreneur : — arrêt de certaines activités, — modification des statuts, — interdiction de vendre certains biens d'équipement.	« La cession (vente) a pour but d'assurer le maintien d'activités susceptibles d'exploitation autonome, de tout ou partie des emplois qui y sont attachés, et d'apurer le passif. » La cession peut être totale ou partielle. Le repreneur de l'entreprise se voit imposer par le tribunal un certain nombre d'obligations.

a / Caractères communs aux plans de redressement

- Lorsque la **survie de l'entreprise** le requiert, le tribunal peut subordonner l'adoption du plan de redressement de l'entreprise au remplacement d'un ou plusieurs dirigeants. Il peut prononcer l'incessibilité des actions, des parts sociales détenues par un ou plusieurs dirigeants, et décider que le droit de vote de ces actions ou parts sociales sera exercé par l'administrateur judiciaire.
  Le tribunal peut ordonner la cession de ces actions ou parts sociales à un prix fixé par des experts.

- **Publicité.** Le jugement qui arrête le plan de redressement est mentionné au registre du commerce et des sociétés, et un avis pour insertion est adressé au B.O.D.A.C.C., un autre au B.A.L.O. du lieu où le débiteur possède le siège social de son entreprise.

- **Mise en œuvre du plan.** Le tribunal fixe la mission de l'administrateur et lui attribue les pouvoirs nécessaires à la mise en œuvre du plan. Le représentant des créanciers reste en fonction.

Le tribunal désigne pour la durée du plan un commissaire à l'exécution du plan — le représentant des créanciers ou l'administrateur peut y être nommé. Sa fonction est de veiller à l'exécution du plan et de signaler au tribunal tout manquement aux obligations définies par le plan.

b / Plan de continuation de l'entreprise

L'administrateur judiciaire peut envisager des conditions préalables à l'adoption du plan :

- **La modification du capital social.** Elle nécessite l'approbation par les associés réunis en assemblée générale extraordinaire.

- **La modification des statuts.** Le plan de redressement vise à l'apurement du passif. À cet effet, le tribunal prend acte des délais acceptés par certains créanciers. Pour les autres, le tribunal impose des délais uniformes de paiement.

REMARQUES.

— 1 — Dans la limite de 5 % du passif estimé, les créances les plus faibles (égales ou inférieures à 250 francs) sont remboursées sans remise ni délai.

— 2 — En cas de vente d'un bien grevé d'un privilège spécial (*cf. infra,* chapitre consacré aux sûretés), d'un nantissement ou d'une hypothèque, les créanciers bénéficiaires de ces sûretés ou titulaires d'un privilège général sont payés sur le prix de ce bien après paiement des créances salariales (superprivilégiées).

Si le débiteur n'exécute pas ses engagements financiers dans les délais fixés par le plan, un créancier ou un groupe de créanciers représentant au moins 15 % des créances peut saisir le tribunal aux fins de faire prononcer la cession ou la liquidation de l'entreprise.

c / Plan de cession de l'entreprise

Au vu du rapport établi par l'administrateur, le tribunal peut ordonner la cession de l'entreprise. Elle a pour but d'assurer le maintien d'activités susceptibles d'exploitation autonome, de tout ou partie des emplois qui y sont attachés, et d'apurer le passif.

Le tribunal retient l'offre d'achat qui, dans les meilleures conditions, permet d'assurer le plus durablement l'emploi attaché à l'ensemble cédé et le paiement des créanciers. Dans la pratique, les **repreneurs d'entreprises** rachètent souvent les **actifs** d'une entreprise en difficulté pour un franc symbolique, mais participent au sauvetage de l'entreprise.

C / / / LA LIQUIDATION JUDICIAIRE

Après avoir vérifié qu'aucune solution de redressement n'est possible, le tribunal prononce la liquidation judiciaire de l'entreprise. Il nomme le liquidateur, qui procédera aux opérations de liquidation (ventes des actifs), et établit la liste des priorités entre créanciers.

TITRE 6

Les contrats commerciaux

I - Les principes fondamentaux des contrats commerciaux

II - Les principes généraux du contrat de vente

III - Les éléments de la vente commerciale

IV - Les modalités et l'exécution du contrat de vente

V - Le contrat de crédit-bail mobilier

VI - Les contrats de distribution intégrée

VII - Le prêt

VIII - Le contrat de transport

I

Les principes fondamentaux des contrats commerciaux

Il n'existe pas de catégorie définie pour ce qui concerne les contrats commerciaux. Ceux-ci recevront une qualification en fonction des personnes qui les passent ou du but que celles-ci poursuivent en contractant tel ou tel contrat.
Ainsi existe-t-il trois catégories de contrats passés par un commerçant.

— **1** — *Les contrats qu'il passe avec un autre commerçant pour les besoins de son commerce (actes de commerce).*

— **2** — *Les contrats qu'il conclut avec des clients non professionnels (actes mixtes).*

— **3** — *Les contrats qu'il conclut sans que les contrats aient de liens avec son commerce (actes civils).*

Nous chercherons donc à définir quelles sont les règles applicables aux contrats qui peuvent être qualifiés de commerciaux.

A /// APPLICATION DU DROIT COMMUN DES CONTRATS

1 Conditions de formation du contrat

Le contrat naît de la rencontre de deux volontés concordantes, par un échange extériorisé du consentement des parties à l'acte.

a / *L'expression du consentement*

C'est le **principe du consensualisme** qui s'impose : le consentement peut s'apprécier par n'importe quel moyen. Cependant, il connaît certaines exceptions.

- Les **contrats solennels** dont la formation exige le respect d'un certain formalisme (forme authentique et nécessité de rédiger un écrit).
  À titre d'exemple, un écrit est nécessaire pour la cession d'un brevet, d'un contrat de société ou d'un contrat de vente pour un fonds de commerce.

- Les contrats soumis à certaines formalités (de publicité, administratives ou conventionnelles).
  À titre d'exemple, l'article 1840-A du Code général des impôts *déclare nul le contrat de vente de fonds de commerce s'il n'a pas été constaté par un acte sous seing privé, enregistré dans un délai de dix jours à compter de son acceptation par l'acheteur.*

b / *La représentation contractuelle*

Sous certaines conditions, le contrat peut être conclu par une personne, le représentant, qui agit au nom et pour le compte d'un autre, le représenté. C'est le représenté qui est partie au contrat.

c / *La rencontre des volontés*

Pour contracter, il faut que les deux volontés tombent d'accord sur un objet identique.

/////2// Conditions de validité du contrat

L'article 1108 du *Code civil* dispose que « Quatre conditions sont essentielles pour la validité d'une convention : le consentement de la partie qui s'oblige ; la capacité de contracter ; un objet certain qui forme la matière de l'engagement ; une cause licite dans l'obligation. »
Chacun de ces aspects étudié en détail dans le cas particulier du contrat de société (*cf.* titre 3-I).

/////3// Sanctions des règles de validité du contrat

La sanction classique de l'inobservation des règles relatives aux conditions de formation et de validité du contrat est, en général, la nullité de l'obligation. Elle entraîne **la nullité du contrat.** Cette nullité répond à un double critère : l'existence d'un vice **contemporain à la formation** du contrat ; **la disparition rétroactive** des engagements souscrits. Elle peut être combinée avec l'allocation de dommages et intérêts.

REMARQUE. L'inobservation des règles prescrites dans le seul intérêt des tiers (surtout les règles de forme) est sanctionnée, non par la nullité, mais par l'inopposabilité du contrat à l'égard de ceux que la loi protège.

/////4// Effets des contrats à l'égard des parties

● **Le contenu de l'obligation engendrée par le contrat peut être très variable.**

- **Obligation de donner** (transfert de propriété), **de faire ou de ne pas faire.**
- **Obligation de résultat** (le contrat met à la charge du débiteur l'obtention d'un résultat précis).
- **Obligation de moyens** (le débiteur ne garantit pas le résultat, mais s'engage à mettre en œuvre tous les moyens dont il dispose).
- **Obligation sous condition** (la condition constitue un événement futur et de réalisation incertaine, de laquelle les parties font dépendre soit la naissance soit l'extinction de l'obligation) : **à terme** (le terme constitue un événement futur et de réalisation certaine auxquels les parties subordonnent soit l'exigibilité, soit l'extinction de l'obligation) ; **à objets multiples** (chacune des parties peut assumer plusieurs obligations envers l'autre) ou **à sujets multiples** (plusieurs créanciers et plusieurs débiteurs).

● **La force obligatoire du contrat est affirmée par l'article 1134 du *Code civil*.** « Les conventions légalement formées tiennent lieu de loi à ceux qui les ont faites. »

/////5// Effets des contrats à l'égard des tiers

À l'égard des tiers, lors de leur formation, les contrats n'ont aucun effet obligatoire. C'est ce qu'on appelle le principe de l'**effet relatif** des conventions, affirmé à l'article 1165 du *Code civil.* La conséquence en est qu'on ne pourra jamais demander à un tiers d'exécuter une obligation découlant d'un contrat auquel il n'a jamais participé.
En revanche, en tant que fait social, le contrat s'impose au tiers. On dit qu'il leur est opposable.

À titre d'exemple, un franchiseur pourra refuser à un distributeur ne faisant pas partie de son réseau de franchiser la vente de ses produits, en lui opposant qu'il réserve cette vente aux seuls membres du réseau qui lui sont contracturellement liés.

/////6// Les sanctions de l'inexécution d'obligations contractuelles

Il s'agit de l'application des règles de responsabilité civile contractuelle.

B / / / DÉROGATION AU DROIT COMMUN

Certaines règles applicables aux contrats commerciaux dérogent au droit commun. Cela s'explique par le **caractère commercial** de l'acte. D'autres règles subissent l'influence de l'**ordre public économique.**

/ / / / / 1 / / Les conséquences du caractère commercial du contrat

Elles sont empreintes d'une simplification par rapport au droit commun. Il suffit de rappeler que :

- Les contrats commerciaux peuvent être **prouvés par tous moyens** — la preuve par témoins est acceptée même pour les créances commerciales dont le montant dépasse 5 000 francs (preuve par écrit obligatoire en droit civil).
- **La solidarité est présumée** entre commerçants.
- **Les tribunaux de commerce sont seuls compétents** pour connaître les contestations relatives aux contrats commerciaux.
- **La résolution du contrat** pour inexécution est envisagée **de façon moins rigoureuse** (la **réfaction** du contrat est plus facilement admise — la réfaction est une diminution du prix fixé dans le contrat, pratiquée par le juge lorsqu'une obligation n'a pas été exécutée conformément au contrat).
- **La mise en demeure** du débiteur résulte d'une **simple lettre** (lettre recommandée en droit civil).

/ / / / / 2 / / Les conséquences de l'ordre public économique

De nombreuses règles légales ou réglementaires régissent le droit des contrats commerciaux.

- Soit pour des raisons d'**ordre public de direction,** l'État impose une certaine direction à l'économie.

À titre d'exemple, les règles relatives au droit de la concurrence ou les limitations au principe de liberté des prix (cf. *titre 2-II) influent directement sur le droit des contrats commerciaux.*

- Soit pour des raisons d'**ordre public de protection,** l'État, confronté à des méthodes de commercialisation de masse et à une concurrence accrue entre les différents acteurs de la vie économique, cherche à en protéger certaines catégories.

À titre d'exemple, les règles fixant le droit de la consommation visent à protéger les consommateurs. En outre, plusieurs textes ont pour but d'éviter les abus dans les relations qui s'établissent entre professionnels d'un poids économique différent (abus de position dominante relative).

II
Les principes généraux du contrat de vente

*Ces divers éléments permettent de le distinguer d'autres contrats usuellement conclus par les commerçants : contrat d'entreprise, bail, prêt, mandat, etc. Un contrat est qualifié de vente quand il a pour objet le **transfert de la propriété** d'une **chose** contre le versement d'un **prix.***
Ce chapitre a pour objet l'étude de ces règles générales, sans s'intéresser aux règles particulières de certaines formes de ventes (ventes internationales, ventes maritimes, ventes de marchandises en Bourse, etc.).

A / / / LES CARACTÈRES DU CONTRAT DE VENTE

La vente recouvre classiquement cinq caractères.

— 1 — **Contrat consensuel.** Il se forme par le seul échange des consentements entre les parties sans qu'aucune forme solennelle ne soit requise. Cependant, la nécessité de protection de certaines parties réputées plus faibles entraîne un aménagement du formalisme en matière de vente commerciale.

— 2 — **Contrat synallagmatique.** Il met à la charge des parties des obligations réciproques.

— 3 — **Contrat à titre onéreux.** Il n'existe aucune intention philanthropique : l'avantage procuré à l'une des parties n'existe qu'en raison de la prestation à laquelle elle s'oblige.

— 4 — **Contrat commutatif.** Au moment de sa formation l'étendue des prestations de chacune des parties est déterminée.

— 5 — **Contrat translatif.** La vente a pour objet le transfert d'un droit.

B / / / LA DISTINCTION ENTRE LA VENTE ET D'AUTRES CONTRATS

Pour qu'un contrat soit qualifié de vente, il faut qu'il comporte quatre éléments : **un consentement, un prix payable** au vendeur, **une chose** et **un droit de propriété** sur cette chose transférés à l'acheteur lors de la vente. Les trois derniers éléments permettent de distinguer la vente des autres contrats.

/ / / / / 1 / / Le paiement du prix par le vendeur

Il permet de distinguer : ● **La vente de la donation,** le donataire n'étant tenu à aucune obligation à l'égard du donateur qui agit dans une intention libérale (au sens de libéralité). ● **L'apport en société,** au terme duquel une personne transfère la propriété d'un bien à une société en contrepartie de droits sociaux qui lui conféreront la qualité d'associé ou d'actionnaire.

/ / / / / 2 / / Une chose

Elle permet essentiellement de distinguer **la vente du contrat d'entreprise,** qui constitue un contrat au terme duquel une personne s'engage, contre rémunération, envers une autre, à exécuter, sans lien de subordination à l'égard de cette personne (le contrat d'entreprise se distingue donc du contrat de travail), un ouvrage matériel ou intellectuel.

/ / / / / 3 / / Le transfert de propriété

Il permet de ne pas confondre **la vente** ● **avec le bail,** convention par laquelle une personne consent, moyennant une rémunération, à procurer à une autre la jouissance d'une chose pendant un certain temps ; ● **avec le prêt,** contrat réel par lequel une partie, par la remise d'une chose à une autre, lui accorde la faculté de s'en servir pendant un temps limité, à charge de la restituer en nature ou, dans certains cas, par son équivalent ; ● **avec le mandat,** contrat par lequel une personne donne à une autre le pouvoir de la représenter dans l'accomplissement d'un acte juridique.

III

Les éléments de la vente commerciale

Si la vente commerciale répond aux principes généraux du contrat de vente certains de ces éléments (consentement, objet, prix) présentent des caractères originaux qui correspondent d'une part aux multiples formes que ce contrat recouvre dans la pratique et d'autre part à la volonté législative ou jurisprudentielle de promouvoir une exigence de qualité, de développer une certaine uniformité des produits et des contrats et de rétablir un plus grand équilibre entre les parties (loyauté des sanctions des abus de forme).

A / / / LE CONSENTEMENT DES PARTIES DANS LES CONTRATS COMMERCIAUX

Dans les contrats commerciaux, le consentement des parties peut recouvrir de nombreuses formes. En outre, le développement d'un ordre public de protection permet la protection du consentement de celui qui accepte l'offre du vendeur.

/ / / / / 1 / / L'expression du consentement

Normalement, les commerçants sont en situation d'offre permanente. Le contrat est donc formé par la seule expression de l'acceptation de l'acquéreur : il suffit que l'offre exprime l'accord des parties sur la chose et le prix.

Le vendeur ne pourra opposer à l'acquéreur la vente de ses produits qu'en respectant les dispositions des articles 36-2 et -10 de l'ordonnance du 1er décembre 1986, si l'acquéreur est un commerçant (voir titre 1-II), et les dispositions de l'article 30 de la même ordonnance si l'acquéreur est un consommateur, le refus de vente n'étant alors justifié que si le vendeur démontre l'existence d'un motif légitime.

Cependant, l'échange ne correspond pas toujours à cette figure simple et peut recouvrir diverses formes.

- **Vente à la dégustation.** Il s'agit d'une **vente** au terme de laquelle l'acheteur soumet discrétionnairement son acceptation à la dégustation préalable du produit (art. 1587 du *Code civil*).
- **Vente à l'essai.** L'acheteur se réserve la faculté d'essayer la chose, pour en apprécier la qualité, avant d'exprimer son acceptation. Cette clause doit avoir été expressément prévue par les parties ou résulter d'usages.
- **Vente avec réserve de confirmation du vendeur.** Le vendeur peut repousser le moment où il s'engage, en stipulant qu'il ne sera lié par les commandes de la clientèle qu'après acceptation expresse de celles-ci. Cette faculté de confirmation qu'il se réserve réduit l'offre du vendeur à une simple proposition d'entrer en pourparlers, et lui laisse la possibilité de se renseigner sur la solvabilité de l'acheteur.
- **Vente avec faculté de restitution.** Certains commerçants admettent que les acheteurs, après avoir acquis leurs produits, les leur restituent contre remboursement ou acquisition d'autres produits. La vente est ainsi assortie d'une condition résolutoire qui doit être insérée dans le contrat.
- **Vente en disponible et clause d'agrément.** Vendre en disponible signifie que les marchandises doivent être mises au plus tôt à la disposition de l'acquéreur, qui ne peut exercer d'agrément. Cependant, certains usages commerciaux confèrent à l'acheteur la faculté d'agréer la marchandise. La vente est alors conditionnelle, et si l'acheteur n'a pas fait connaître son acceptation dans le délai d'usage le vendeur reprend sa liberté.

2 La protection du consentement

- **Les dispositions du *Code civil.*** Les dispositions des articles 1109 et suivants du *Code civil,* qui déterminent les conditions dans lesquelles le consentement est valablement donné, s'appliquent à la vente commerciale. Le consentement ne sera pas valable s'il a été donné par erreur, s'il a été extorqué par violence, s'il a été surpris par dol.

- **Le développement de l'ordre public de protection.** De nombreuses dispositions particulières tendent à assurer la protection de l'acheteur, soit en renforçant la loyauté dans les rapports contractuels, soit en prohibant les abus de force contractuelle.

a / Le renforcement de la loyauté dans les rapports contractuels

À titre liminaire, il convient de relever :

— **1** — que certaines dispositions ont un champ d'application plus large que le seul contrat de vente

— **2** — qu'elles n'ont pas pour unique but d'assurer la loyauté dans les relations contractuelles, mais peuvent aussi viser à une amélioration des conditions de concurrence pour les entreprises (transparence des conditions de vente, répression de la publicité mensongère, etc.), voire une protection plus générale des consommateurs (réglementation des clauses abusives).

● **Transparence des conditions de vente.** D'après l'article 28 de l'ordonnance du 1er décembre 1986, tout vendeur de produit ou tout prestataire de services doit, par voie de marquage, d'étiquetage, d'affichage, ou par tout autre procédé approprié, informer le consommateur sur les prix, les limitations éventuelles de la responsabilité contractuelle et les conditions particulières de la vente.

● **Prohibition de la vente par envoi forcé.** L'article R.40 alinéa 12 du *Code pénal* permet de poursuivre ceux qui font parvenir à un destinataire, sans demande préalable de celui-ci, un objet quelconque accompagné d'une correspondance indiquant que cet objet peut être accepté par lui contre versement d'un prix fixé, ou renvoyé à son expéditeur, même si ce renvoi peut être fait sans frais pour le destinataire.

● **Répression de la publicité mensongère.** L'article 44 de la loi du 27 décembre 1973 interdit, sous peine de sanctions de nature correctionnelle, toute publicité comportant, sous quelque forme que ce soit, des allégations, indications ou présentations fausses ou de nature à induire en erreur lorsque celles-ci portent sur un ou plusieurs des éléments suivants : existence, nature, composition, qualités substantielles, teneur en principes utiles, espèce, origine, quantité, mode et date de fabrication, propriétés, prix et conditions de vente, de biens ou services qui font l'objet de la publicité, conditions de leur utilisation, résultats pouvant être attendus de leur utilisation, motifs ou procédés de la vente et de la prestation de services, portée des engagements pris par l'annonceur, identité, qualités ou aptitudes du fabricant, des revendeurs, des promoteurs ou des prestataires.

La jurisprudence a apporté deux précisions importantes au texte : elle apprécie l'impact de la publicité sur l'entendement du consommateur moyen et retient :

— 1 — qu'il ne saurait être trompé par des affirmations publicitaires manifestement excessives ;

— 2 — depuis un arrêt de la chambre criminelle de la Cour de cassation de 1978, que la répression de l'infraction n'exige pas la preuve de la mauvaise foi.

À titre d'exemple, la Cour de cassation a estimé que la pratique des prix (ou des marques d'appel), par laquelle un distributeur attire la clientèle en lui proposant un produit d'une marque notoire à des prix particulièrement bas, constituait une publicité mensongère prohibée s'il ne disposait en stock que d'une quantité infime des produits.

● **Obligation précontractuelle de renseignement.** La jurisprudence met à la charge des professionnels une obligation de renseignements, essentiellement à l'égard des consommateurs, pendant la période précédant la conclusion du contrat, et peut retenir la responsabilité civile de ces professionnels si le défaut ou l'insuffisance des renseignements a été à l'origine d'un préjudice pour l'autre partie.

À titre d'exemple, le professionnel peut voir sa responsabilité engagée s'il n'a pas mis en garde l'autre partie sur les conditions d'utilisation d'un produit dangereux.

b / La prohibition des abus de force

● **Abus de position dominante relative.** L'article 8-2 de l'ordonnance du 1er décembre prohibe, lorsqu'elle a pour effet ou pour objet d'empêcher, de restreindre ou de fausser le jeu de la concurrence sur un marché, l'exploitation abusive, par une entreprise ou d'un groupe d'entreprises, de l'état de dépendance économique dans lequel se trouve, à son égard, une entreprise cliente ou fournisseur qui ne dispose pas de solution équivalente.

Ces abus, poursuit le texte, peuvent notamment consister en un refus de vente, en des ventes liées, ou en des conditions de vente discriminatrices.

● **Refus de vente et conditions de vente discriminatoires.** Ces pratiques sont prohibées en soi, même si elles ne rentrent pas dans le champ d'application, relativement restreint, de l'article 8 *(cf. supra).*

● **Réglementation des clauses abusives.** L'article 35 de la loi du 10 janvier 1978 permet au gouvernement d'agir, par voie de décret, pris après avis de la commission des clauses abusives.

Pour interdire, limiter ou réglementer dans les contrats — quels que soient leurs formes, conclus entre professionnels et non-professionnels ou consommateurs, auxquels il faut adjoindre, d'après une jurisprudence récente, les professionnels se trouvant, en raison de la technicité du produit, dans le même état qu'un non-professionnel — certaines clauses correspondant à différents éléments du contrat : les prestations promises (prix et chose), leur exécution (versement du prix, livraison de la chose et charge des risques), les conséquences de leur inexécution (étendue de la responsabilité, garantie, résolution et résiliation) et leur reconduction éventuelle.

Pour interdire, limiter et réglementer, lorsque de telles clauses apparaissent imposées aux non-professionnels ou consommateurs, auxquels il faut ajouter, sous les conditions précitées, certains professionnels, l'abus de la puissance économique de l'autre partie conférant à cette dernière un avantage excessif.

En conséquence, toute clause abusive est réputée non écrite.

Ces dispositions présentent l'inconvénient de soumettre la réglementation des clauses abusives à la publication d'un décret. À ce jour, un seul décret en date du 24 mars 1978 a été publié.

- **Il prohibe** la clause ayant pour effet ou pour objet de supprimer ou de réduire le droit à réparation, en cas de manquement, par le professionnel **vendeur** à l'une quelconque de ses obligations.
- **Il interdit** la clause ayant pour effet ou pour objet de réserver au professionnel le droit de modifier unilatéralement les caractéristiques du bien à livrer ou du service à rendre, sauf modifications liées à l'évolution technique.
- **Il empêche** le professionnel de garantir contractuellement la chose à livrer ou le service à rendre sans mentionner clairement que s'y applique, en tout état de cause, la garantie légale — qui oblige le vendeur professionnel à garantir à l'acheteur toutes les conséquences de défauts ou de vices cachés de la chose vendue ou du service rendu.

Cependant, un arrêt de la Cour de cassation, rendu en 1989, laisse entendre qu'une clause peut être jugée abusive, donc réputée non écrite, à la seule condition de répondre aux critères de l'article 35 de la loi : la publication d'un décret ne serait donc plus nécessaire.

B / / / L'OBJET DE LA VENTE

Après avoir rappelé quelles sont les choses qui peuvent faire l'objet d'un contrat de vente, il convient de relever deux aspects importants en matière de vente commerciale : l'influence de la normalisation et l'exigence de qualité.

/ / / / / 1 / / L'objet du contrat de vente

La vente porte normalement sur une **chose existante** (article 1601 du *Code civil*). Mais elle peut aussi porter sur une **chose future.** Dans ce dernier cas, le contrat peut être commutatif (l'objet de la vente est une chose qui sera achevée : le prix convenu n'est versé que si la chose existe, et le transfert des risques s'opère lors de son achèvement), ou le contrat peut être aléatoire (l'objet de la vente est constitué par la chance. Ex., la vente d'une récolte sur pied). En toute circonstance, l'acheteur doit payer le prix convenu lors du contrat.

La vente peut porter sur un **corps certain** (le transfert de propriété se produit dès la formation du contrat) ou sur des **choses de genre.** Dans cette seconde catégorie, il faut distinguer : **— 1 — la vente en bloc,** qui porte sur la totalité des objets retenus dans un endroit déterminé, et dont le transfert de propriété s'opère du jour de la formation du contrat, **— 2 — de la vente au compte,** au poids ou à la mesure, pour laquelle le transfert s'opère le jour de chacune de ces opérations (article 1585 du *Code civil*).

La vente d'une chose appartenant à autrui est nulle (art. 1599 du *Code civil*). De plus, la loi place hors de commerce certains objets : leur vente est frappée de nullité absolue. Certains objets sont donc insusceptibles de vente.

- Parce qu'ils portent **atteinte à la santé ou à l'hygiène** (substances vénéneuses ou stupéfiants, etc.).
- En raison d'impératifs **d'ordre public, politique** (billets de banque, objets historiques ou artistiques appartenant à l'État, etc.).
- En raison **de décisions d'économie dirigée** : un contrôle de la commercialisation de certains produits nécessite des organismes publics leur acquisition obligatoire (certains produits importés de l'étranger, etc.).

2 L'influence de la normalisation

La normalisation simplifie les ventes commerciales et améliore les conditions de la concurrence par une meilleure information des consommateurs. Elle peut porter sur les **produits** (dimension, qualité, sécurité) ou sur les **contrats** (rédaction de contrats types). Rédigées par des organismes privés ou publics (A.F.N.O.R.), les normes ne sont pas nécessairement rendues obligatoires du fait de leur publication. Cependant, elles prennent une importance croissante dans le Marché commun.

3 L'exigence de qualité

Elle est sous-tendue par plusieurs catégories de réglementations.

a/ La répression des fraudes

Elle trouve son origine dans la loi, souvent modifiée, du 1er août 1905, qui sanctionne pénalement les **fraudes** commises dans les ventes de marchandises ou de prestations de services, ainsi que dans les fabrications de denrées alimentaires et les productions agricoles.

b/ La surveillance de la qualité

Le *Code civil* ne s'en préoccupe que sous l'angle de la garantie des vices cachés (voir collection DEGE, *Droit civil*). Dans un souci de sécurité et pour accroître la rapidité des transactions, une réglementation spécifique vise les ventes commerciales.

- Exigence de la dénomination exacte du produit.
- Détermination, par un décret du 7 décembre 1984, des indications qui doivent figurer sur l'étiquetage.
- Exactitude de l'appellation d'origine, sous peine de sanction pénale.
- Mention de la qualité française ou étrangère du produit.
- Possible remise, depuis la loi du 10 janvier 1978, d'un certificat de qualification pour des produits de qualité spécifique ayant fait l'objet d'un contrôle technique préalable — le texte a pour but d'éviter l'octroi de labels de complaisance.
- Marque spéciale pour les fabrications artisanales.

c / La sécurité des consommateurs

La loi du 21 janvier 1983 pose, comme principe général, que les produits ou les services doivent, dans les conditions normales d'utilisation ou dans d'autres conditions raisonnablement prévisibles par le professionnel, préserver la sécurité à laquelle on peut légitimement s'attendre et ne pas porter atteinte à la santé des personnes.

La protection des consommateurs est, en outre, complétée par des pouvoirs importants conférés à l'administration, en matière de prévention et de contrôle, qui a institué une commission de sécurité des consommateurs auprès du ministre chargé de la consommation.

C / / / LE PRIX

L'ordonnance du 1er décembre 1986 affirme, sous certaines réserves, un principe de liberté des prix *(cf. supra)*. Cependant, certaines pratiques de prix font l'objet d'une réglementation spécifique.

- **Prix et pratiques discriminatoires.** *(Cf.* titre 2-II.)
- **Prix imposés et prix conseillés.** *(Cf.* titre 2-II.)
- **Ventes à perte.** L'article 32 de l'ordonnance du 1er décembre 1986, reprenant une loi de 1963, interdit aux commerçants de revendre un produit en l'état à un prix inférieur à son prix d'achat effectif. Cet article **définit la notion de prix d'achat effectif** (prix figurant sur la facture d'achat majoré des taxes sur le chiffre d'affaires, des taxes afférentes à la revente de ce produit et du prix éventuel du transport) et présume la vente à perte si le prix de revente est inférieur au prix d'achat effectif figurant sur la facture payée par le commerçant à son fournisseur.
- **Ventes à prix variables.** Lorsque le contrat porte sur des produits à livrer sur une certaine période, il peut être difficile d'en fixer le prix dès la formation du contrat. Pour être licite, le mécanisme permettant de fixer le prix dans l'avenir ne doit pas être laissé à la seule volonté de l'une des parties, mais prévoir l'**intervention d'un tiers objectif,** sous peine d'entraîner la nullité absolue du contrat.

  À titre d'exemple, un fournisseur de produits pétroliers conclut un contrat d'une durée de dix ans avec un distributeur. Ce dernier s'engage à acheter à titre exclusif les produits du premier. Si la clause relative au prix précise que celui-ci sera fixé « selon tarif fournisseur », l'ensemble du contrat est nul. En revanche, si la même clause prévoit l'arbitrage d'un tiers en cas de désaccord sur le prix, le contrat est valable.

- **Clauses d'échelle mobile.** C'est un moyen de protection pour le vendeur contre la dépréciation monétaire au cas où le prix ne serait pas payé au comptant. L'ordonnance du 30 décembre 1958, ainsi que les dispositions relatives au contrôle des changes, en a réduit sensiblement la portée.

IV

Les modalités et l'exécution du contrat de vente

Les modalités de vente sont extrêmement variées, qu'il s'agisse de l'endroit où la vente est effectuée, des formes qu'elle peut recouvrir ou des modalités de paiement auxquelles elle donne lieu.
Quant à l'exécution de la vente, elle entraîne des obligations à la charge du vendeur (obligation de délivrance, garantie des vices) et de l'acheteur (paiement du prix).

A / / / LES MODALITÉS DE LA VENTE

Elles sont fort nombreuses et variées. Nous procéderons à leur énumération, tout en sachant que nous en avons rencontré déjà certaines (*cf. supra* titre 6-III).

1 Les lieux de vente

● La vente intervient généralement dans le **magasin** du commerçant, mais elle peut s'effectuer dans des halles, des foires, des marchés, ou dans un camion-bazar.

● Elle peut prendre la forme d'un **libre-service.** Dans ce cas, le transfert de propriété, qui détermine le transfert des risques ou les conditions d'un vol éventuel, s'opère au moment du paiement des objets à la caisse. Avant ce paiement, le consommateur n'en est que dépositaire.

● La vente peut être réalisée au **domicile** de l'acheteur par un démarcheur. Afin de protéger les consommateurs, la loi du 22 décembre 1972, modifiée par celle du 23 juin 1989, réglemente strictement cette forme de vente. La disposition essentielle prévoit que l'acquéreur dispose d'un délai de réflexion de sept jours pendant lequel le vendeur ne peut lui réclamer aucune contrepartie ni aucun engagement.
● La vente peut être effectuée **par correspondance.** Les professionnels de ce type de vente ont élaboré un code professionnel qui définit, entre autres, le contenu et la présentation des contrats.
● La loi du 6 janvier 1988 vise les opérations de **télépromotion** avec offres d'achat (télé-achat). Au terme de cette loi, l'acquéreur peut renvoyer à ses frais le produit au vendeur dans les sept jours suivant la livraison, sans avoir à subir aucune pénalité.

/////2// Les formes de vente

● L'acquéreur peut verser des **arrhes** qui, selon l'article 1590 du *Code civil,* constituent une somme avancée par l'acquéreur au moment de la formation du contrat. Cette somme sera acquise définitivement au vendeur si l'acquéreur n'exécute pas le contrat, ou sera restituée à l'acquéreur au double si c'est ce dernier qui se dérobe à ses obligations.
● Le consentement peut être donné par l'acquéreur au vu d'un **échantillon** que lui fournit le vendeur. Dans ce cas, l'objet vendu doit être conforme à l'échantillon. Cependant, un défaut de conformité n'est pas assimilé à un vice caché.
● L'article 29 de l'ordonnance du 1er décembre 1986 prohibe les **ventes avec prime** dans les relations entre professionnels et consommateurs. En revanche, il les admet entre professionnels.
Selon l'article 29, sont considérés comme prime : tous les produits, biens ou services différents de ceux qui font l'objet de la vente ou de la prestation.
● Depuis l'ordonnance du 1er décembre 1986, rien n'interdit à un commerçant de proposer à sa clientèle des **cadeaux** (transports gratuits, dons ou marchandises, etc.), s'ils ne sont accompagnés d'aucune obligation d'achat.
● Au terme de l'article 36-3 de l'ordonnance de 1986, engage la responsabilité de son auteur le fait de **subordonner la vente** d'un produit ou la prestation d'un service soit à l'achat concommitant d'autres produits, soit à l'achat d'une quantité imposée, soit à la prestation d'un autre service.
À titre d'exemple, on ne peut imposer la vente de pack de quatre, huit ou seize bouteilles d'eau, de bière, etc.
● La **vente à la boule de neige,** consistant à proposer une remise à l'acheteur qui place auprès d'autres acquéreurs un certain nombre d'objets identiques à ceux qu'il a achetés, est considérée comme une escroquerie, et est prohibée par une loi du 5 novembre 1953.

- Les ventes de marchandises faites sous forme de **soldes, ventes forcées, liquidations** ou **au déballage,** nécessitent une autorisation préalable du maire de la commune.
- Le décret du 15 mai 1974, modifié le 24 mars 1978, réglemente les ventes directes aux consommateurs de produits déclassés par les industriels.
- Les **ventes publiques aux enchères,** qu'elles soient en gros ou au détail, font l'objet d'une réglementation précise.

///// 3 // Clauses relatives au paiement du prix

Le prix peut être réglé **au comptant.** Mais il peut être aussi réglé **à terme,** c'est-à-dire à une date déterminée dans l'avenir, ou **par tempérament** si le prix est payable selon des fractions dues périodiquement.

Pour se prémunir contre les risques d'absence de paiement de l'objet vendu à crédit, le vendeur peut prévoir **une clause de réserve de propriété,** laquelle stipule qu'il se réserve la propriété du bien jusqu'à complet paiement, ce qui lui permet de le revendiquer s'il ne reçoit pas l'intégrité du prix.

Cette clause est opposable à la procédure collective de l'acheteur depuis une loi du 12 mai 1980. Le vendeur peut également conclure un contrat de location-vente, au terme duquel le futur acheteur jouit immédiatement du produit à titre de locataire. Le locataire bénéficie d'une promesse de vente réalisable à la fin de la location.

B /// L'EXÉCUTION DU CONTRAT DE VENTE

Outre le transfert de propriété et de risques, le contrat de vente astreint à des obligations réciproques aussi bien le vendeur que l'acquéreur.

///// 1 // Obligations du vendeur

a / Obligations de délivrance

Non seulement le vendeur se doit de livrer la chose à l'acquéreur, mais il doit en outre la livrer **conforme à sa destination et à son usage,** afin que l'acquéreur puisse en user sans difficulté. Cette obligation s'étend à la chose proprement dite et à ses accessoires, et englobe le devoir de renseignement indispensable à la bonne utilisation de la chose.

Deux particularités existent en matière commerciale.

— **1** — **En cas de défaillance** du vendeur dans la livraison, l'acquéreur commerçant dispose, après mise en demeure, d'une faculté de remplacement du produit aux frais du vendeur : il peut acheter des marchandises équivalentes à un tiers et en faire payer le prix au premier vendeur.

— **2** — **En cas d'inexécution** de l'obligation de livraison, l'acquéreur peut demander, à défaut de la résolution de droit commun du contrat, sa réfaction, c'est-à-dire sa modification par le juge avec un ajustement du prix.

b / La garantie des vices

Il s'agit de la **garantie d'éviction** et de la **garantie des vices cachés.** La garantie d'éviction joue rarement en matière commerciale : la vente portant généralement sur des produits mobiliers, l'acquéreur est protégé par l'article 2279 du *Code civil.* Quant à la garantie des vices cachés, elle est réglementée par les articles 1641 et suivants du *Code civil.*

● **Conditions.** Pour ouvrir droit à garantie, les vices doivent présenter plusieurs caractères.

— **1** — **Supprimer ou diminuer** l'usage auquel la chose est destinée.

— **2** — **Être cachés** au moment de la formation du contrat. La jurisprudence retient que l'acquéreur professionnel est présumé connaître les vices de la chose, à charge pour lui, s'il veut surmonter cette présomption, de démontrer que ses connaissances ne lui permettaient pas de les déceler en procédant à une vérification normale.

— **3** — La **mise en jeu de la garantie** suppose un lien de causalité entre le vice et le dommage.

— **4** — Au terme de l'article 1648 du *Code civil,* l'**acquéreur n'est recevable** que s'il agit dans un bref délai, qui court à compter de la découverte du vice (délai de prescription).

● **Effets.** L'acquéreur dispose d'une option. Il peut soit demander la résolution de la vente en offrant la restitution du bien contre celle du prix **(action rédhibitoire),** soit demander une réduction du prix, la vente étant maintenue **(action estimatoire).**

L'article 1645 du *Code civil* permet, en outre, à l'acquéreur, s'il démontre que le vendeur connaissait le vice de la chose, de réclamer le paiement de dommages-intérêts en réparation de la totalité du préjudice que lui a causé l'existence du vice.

Le vendeur professionnel ou le fabricant est réputé vendeur de mauvaise foi, c'est-à-dire connaissant l'existence du vice, par la jurisprudence : les dispositions de l'article 1645 du *Code civil* leur sont applicables.

Au terme du décret du 24 mars 1978, pris en application de la loi du 10 janvier 1978, les clauses limitatives de responsabilité dans le domaine de la vente ou attributives de compétence juridictionnelle entre professionnels et consommateurs sont nulles. La jurisprudence consacre une solution identique quand il s'agit d'une vente conclue entre professionnels, lorsque l'acquéreur est d'une spécialité différente du vendeur.

2 Obligations de l'acheteur

Elles sont essentiellement au nombre de deux.

— 1 — **Payer le prix** (article 1650 du *Code civil*).

— 2 — **Prendre livraison.** C'est au vendeur de mettre en demeure l'acheteur de respecter son obligation.

V

Le contrat de crédit-bail mobilier

Le contrat de crédit-bail mobilier, ou contrat de leasing, *constitue une opération de crédit à moyen ou long terme permettant à une entreprise qui ne dispose pas des fonds nécessaires à l'acquisition d'un bien de l'acquérir par le biais d'un tiers auquel elle le loue, avec option d'achat en fin de contrat.*
Opération juridique complexe mise en œuvre par la pratique, le crédit-bail mobilier a donné lieu à une jurisprudence importante qui a permis d'en cerner les contours.

A / / / NOTION

1 Le mécanisme

Une personne souhaite utiliser pour ses besoins professionnels un produit mobilier (véhicule, machine, outillage, etc.), mais ne dispose pas des fonds nécessaires pour l'acheter. Elle s'adresse alors à une entreprise de crédit-bail. Celle-ci achète le bien en question auprès d'un tiers, puis le loue à cette personne, généralement pour la durée de l'amortissement fiscal du bien (3 à 10 ans), et lui concède une promesse unilatérale de vente dont cette personne pourra user à l'issue d'une période dite « irrévocable ».

Le crédit-bail combine donc **trois contrats :** une **location** (de l'entreprise de crédit-bail au preneur), une **vente** (du fournisseur à l'entreprise de crédit-bail), et une **promesse de vente** (de l'entreprise de crédit-bail au profit du preneur). Généralement, l'entreprise de crédit-bail donne mandat au preneur de discuter les caractéristiques du produit et du prix avec le fournisseur, et demande à ce dernier l'achat du bien en qualité de mandataire du preneur.

1. Achat du bien par l'entreprise de crédit-bail au fournisseur.
2. L'entreprise de crédit-bail loue le bien acheté au preneur, qui dispose d'une option d'achat au terme d'une période dite « irrévocable ».

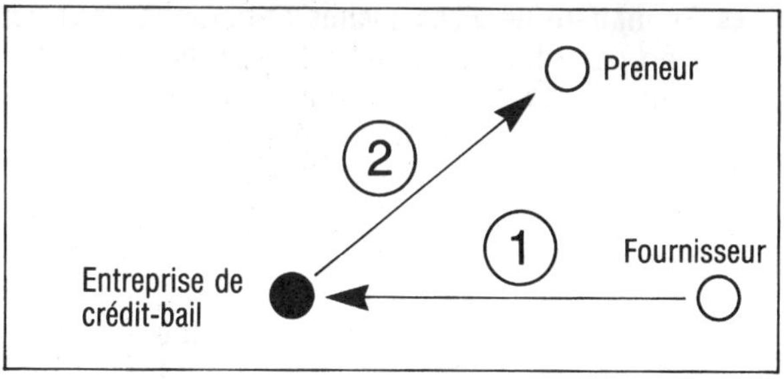

2 Distinctions

Le contrat de crédit-bail se distingue :

- **De la vente à crédit,** le preneur ne devenant pas nécessairement propriétaire du bien au terme de la période « irrévocable ».
- **Du prêt d'une somme d'argent,** le preneur ne remboursant pas un prêt, mais réglant des loyers généralement calculés sur le montant de l'investissement.
- **De la promesse unilatérale de vente,** l'opération comprenant une location.
- **Du louage de choses,** puisque systématiquement l'opération comporte une promesse unilatérale de vente.
- **De la location-vente,** puisque l'opération fait intervenir une tierce personne.

B PUBLICITÉ

Lorsque le crédit-bail est à usage professionnel, il rentre dans le champ d'application de la loi du 2 juillet 1966, qui oblige, sous peine d'inopposabilité de l'opération aux créanciers et aux ayants cause du preneur, **deux publicités distinctes.**

— **1** — L'opération doit être publiée, à la requête de l'entreprise de crédit-bail, sur un registre spécial tenu au greffe du tribunal de commerce.

— **2** — Le preneur, sous peine de sanction pénale, doit faire apparaître dans ses comptes les loyers correspondant au contrat de crédit-bail et le montant total des charges qui lui restent à supporter.

C INDIVISIBILITÉ

Le crédit-bail constitue **une juxtaposition de contrats indivisibles.** Il en résulte **plusieurs conséquences.**

● **En matière de vices cachés** et selon le droit commun, le preneur peut agir en garantie des vices attachés au bail (art. 1721 du *Code civil*), et l'entreprise de crédit-bail contre le fournisseur sur le fondement de la garantie des vices attachés à la vente (art. 1641 du *Code civil*).

Généralement, ce mécanisme est conventionnellement écarté par les entreprises de crédit-bail qui entendent demeurer extérieures à de telles implications. Elles s'exonèrent de toute garantie et permettent aux locataires d'agir en garantie des vices directement à l'encontre des fournisseurs (généralement par l'effet d'un mandat, d'une cession de créance ou d'une stipulation pour autrui).

● Si **le contrat de vente est résolu ou annulé,** le contrat de crédit-bail devient caduc pour défaut de cause. Normalement, l'entreprise de crédit-bail doit restituer le montant des loyers au preneur. Cependant, une clause habituelle des contrats prévoit que les preneurs renoncent à toute action en garantie contre leur cocontractant.

● En cas de **résiliation du bail** pour défaut de paiement des loyers par le preneur, il est généralement prévu que celui-ci s'engage à verser une fraction importante du loyer à titre de dommages-intérêts, et à restituer la chose, le fournisseur s'engageant à la reprendre.

D / / / *CESSION-BAIL (OU* LEASE-BACK*)*

C'est une variable du contrat de crédit-bail. L'entreprise de crédit-bail achète le bien d'équipement, non à un tiers, mais à son propre cocontractant qui en était propriétaire et à qui désormais elle va le louer.

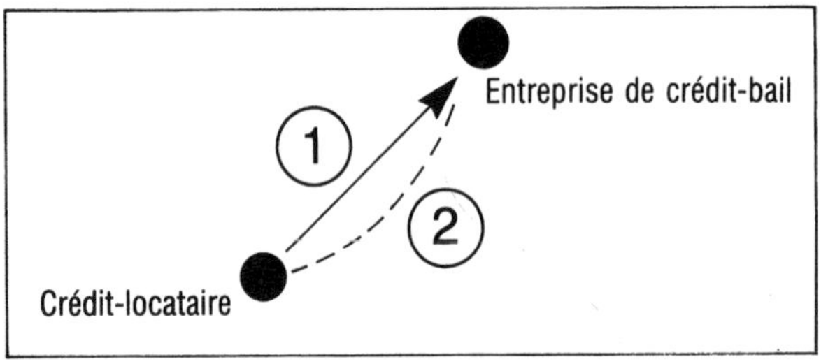

① Vente du bien à l'entreprise de crédit-bail.

② L'entreprise de crédit-bail loue le bien acheté à l'entreprise qui le lui a vendu.

Sur le plan économique, l'entreprise de crédit-bail prête de l'argent au crédit-locataire et dispose d'une sûreté grâce au bien dont elle est propriétaire.

VI

Les contrats de distribution intégrée

Ce sont des contrats qui permettent à un fournisseur l'écoulement de ses produits auprès de sa clientèle par l'intermédiaire de distributeurs, indépendants juridiquement, mais en situation de dépendance économique à son égard.

A / / / LA CONCESSION

/ / / / / 1 / / Notion

La concession est un contrat au terme duquel un fournisseur, le concédant, confère à un distributeur, le concessionnaire, le droit de commercialiser ses produits à titre exclusif et pour un territoire donné (généralement dénommé « zone de responsabilité »), pendant une durée déterminée ou indéterminée, et sous son contrôle.

L'exclusivité peut prendre **une double forme.**

- **Elle peut être réciproque,** le fournisseur réservant au seul concessionnaire la vente de ses produits sur le territoire qui lui a été concédé, et le concessionnaire s'engageant à ne vendre que les produits du fournisseur. On dit alors qu'il y a **« exclusivité de vente et de représentation ».**
- **Elle peut être unilatérale,** le fournisseur continuant à réserver au seul concessionnaire la vente de ses produits alors que le concessionnaire se voit octroyer le droit de vendre des produits d'autres marques que celles du fournisseur. On dit alors qu'il y a seulement **« exclusivité de vente ».**

Mais, en aucun cas, le fournisseur ne peut, en matière de concession, vendre ses produits à un autre que le concessionnaire sur le territoire qui lui a été réservé.

/////2// Nature juridique

● **Représentation.** Le concessionnaire n'est pas le mandataire du fournisseur ; il achète et revend pour son propre compte et à ses risques et périls. Il est un commerçant juridiquement indépendant.

● **Contrat cadre.** La concession constitue un contrat cadre qui comporte une promesse de vente (de la part du fournisseur) et une promesse d'achat (de la part du concessionnaire). C'est sur le fondement de ce contrat préalable que vont être conclues les commandes successives.

À cette double promesse s'ajoutent d'autres obligations.

— **À la charge du concédant :** assistance technique, contrôle de l'activité du concessionnaire et, généralement, prêt d'argent.

— **À la charge du concessionnaire :** promesse fréquente d'un nombre minimal d'achats (clause dite « de quota »), respect de la politique commerciale et des prescriptions imposées par le fournisseur, entretien et réparation des produits de la marque, et, très souvent, apport de capitaux.

/////3// Restrictions apportées à la liberté individuelle

● **Durée maximale.** Au terme de la loi du 14 octobre 1943, la durée du contrat ne peut être supérieure à dix ans s'il s'agit d'un contrat à durée déterminée.

● **Droit de la concurrence.** Au regard du droit communautaire, la concession est incompatible avec le principe de libre concurrence affirmé à l'article 85 du Traité de Rome, à la double condition :

— **1** — être susceptible d'affecter le commerce entre États membres ;

— **2** — exercer un effet restrictif de concurrence.

Si ces deux conditions sont remplies, le contrat est nul, à moins pour les parties de se prévaloir d'une exemption individuelle ou collective à l'application de l'article 85 (*cf. supra,* « Les sources du droit commercial », titre 1-I).

/////4// Durée et résiliation de la concession

Sauf en matière de concession automobile, les parties fixent librement la durée de leur contrat, sous réserve du plafond décennal.

- Si le contrat est conclu pour une **période déterminée,** il ne peut être résilié en cours d'exécution. Mais à l'arrivée du terme, le concédant peut librement refuser de le renouveler sans avoir à verser une indemnité au concessionnaire.
- Si le contrat est conclu pour une **durée indéterminée,** chacune des parties peut le résilier à tout moment, sous la seule réserve de respecter une durée de préavis suffisante.

Dans chacun des cas, le concédant ne peut être tenu, sauf clause contraire, de reprendre le stock.

B / / / VARIANTES

///// 1 // La franchise de distribution

C'est un contrat, de plus en plus pratiqué, au terme duquel un distributeur, franchisé, se voit conférer par un fournisseur, franchiseur, le droit d'user du savoir-faire, de la marque et de l'assistance technique du franchiseur.

Le **savoir-faire** constitue l'élément déterminant d'un contrat de franchise. Il constitue un ensemble d'informations pratiques, non brevetées, résultant de l'expérience du franchiseur, et testées par celui-ci. Ensemble d'informations secret, substantiel et identifié.

En contrepartie, le franchisé s'engage à verser un droit d'entrée, des redevances périodiques, généralement proportionnelles à son chiffre d'affaires, et à respecter la politique commerciale du franchiseur dont il prend connaissance, au moment de la formation du contrat, dans une « bible » (document concernant le savoir-faire du franchiseur), et en cours de contrat par des stages ou l'envoi de brochures périodiques.

La franchise peut se doubler d'un engagement d'achat exclusif de la part du franchisé. De la même façon qu'en matière de concession, le franchisé est juridiquement indépendant, mais économiquement dépendant du franchiseur.

Les dispositions relatives à la durée maximale du contrat, aux conditions de sa résiliation, ou concernant l'influence du droit de la concurrence, étudiées précédemment à propos de la concession, sont applicables à la franchise.

Il convient cependant de relever que le contrat de franchise bénéficie d'une exemption collective fondée sur un règlement communautaire du 30 novembre 1988. À condition de respecter les prescriptions de ce règlement (clauses interdites, clauses obligatoires, clauses facultatives), les contrats de franchise ne tombent pas sous le coup de la prohibition de l'article 85 du Traité de Rome.

Enfin, il convient de relever qu'à côté de la **franchise de distribution** existe la **franchise industrielle,** moins usitée, au terme de laquelle le franchiseur donne une licence de brevet au franchisé, ainsi qu'une assistance industrielle, afin de lui permettre de fabriquer des produits selon les normes et sous le contrôle du franchiseur.

/////2// La distribution sélective

Le fournisseur réserve la distribution de ses produits à un réseau de distributeurs qu'il choisit en fonction de **critères objectifs de sélection,** mais sans qu'existe entre eux d'exclusivité : les distributeurs peuvent vendre d'autres produits, et le fournisseur doit vendre ses produits à tous ceux qui répondent aux critères objectifs qu'il a fixés.

/////3// La distribution agréée

Le fournisseur se borne à conférer au distributeur qui vend ses produits un **agrément.** Le contrat n'impose ni exclusivité ni obligation d'achat.

VII

Le prêt

Le prêt constitue un contrat réel par lequel une partie, le prêteur, par la remise d'une chose à un autre, l'emprunteur, lui accorde la faculté de s'en servir pendant un temps limité, à charge de restitution en nature ou, dans certains cas, par équivalent.

*Il existe deux formes de prêts : le **prêt à usage,** essentiellement gratuit, qui porte sur des choses non consomptibles, c'est-à-dire qui ne se consomment pas au premier usage, et le **prêt de consommation,** qui porte sur des choses consomptibles.*

A / / / CARACTÈRES GÉNÉRAUX

PRÊT À USAGE	PRÊT DE CONSOMMATION
BIENS NON CONSOMPTIBLES	BIENS CONSOMPTIBLES
La restitution doit porter sur le bien même qui a été prêté (art. 1875), car l'emprunteur n'en a pas acquis la propriété (art. 1877).	L'emprunteur devient propriétaire de la chose prêtée (art. 1893) dans la mesure où il ne peut s'en servir sans la consommer. Conséquences : restitution par équivalent; les risques de la perte fortuite sont à la charge de l'emprunteur.
La date de restitution dépend de la volonté contractuelle (art. 1899), sauf au juge d'accorder des délais de restitution à l'emprunteur, selon les circonstances, lorsque aucun terme n'a été fixé pour la restitution (art. 1900).	Le prêteur ne peut retirer la chose prêtée qu'après le terme convenu, ou, à défaut de convention, qu'après qu'elle a servi à l'usage pour lequel elle a été empruntée (art. 1888). Néanmoins, si pendant ce délai, ou avant que le besoin de l'emprunteur n'ait cessé, il survient au prêteur un besoin pressant et imprévu de sa chose, le juge peut, selon les circonstances, obliger l'emprunteur à la lui rendre (art. 1889).
Essentiellement gratuit, même s'il peut être l'instrument de relations d'affaires.	Le rôle économique du prêt de consommation est primordial (*cf.* prêt d'argent à intérêt).

B / / / LE PRÊT À USAGE (COMMODAT)

/ / / / / 1 / / Les droits de l'emprunteur

- L'emprunteur a le droit d'user de la chose (art. 1875), sans pouvoir compromettre la propriété du prêteur.
- L'emprunteur a le droit de se faire rembourser les dépenses extraordinaires, nécessaires et urgentes, relatives à la conservation de la chose (art. 1890), mais non pour les autres dépenses (entretien, etc.).

/ / / / / 2 / / Les obligations de l'emprunteur

- Tenu à une obligation de garde, l'emprunteur doit restituer la chose même qui lui a été prêtée (art. 1880). Il s'agit d'une **obligation de résultat.** Cependant, l'emprunteur est libéré de son obligation si la chose a péri fortuitement (sauf clause contraire, le prêteur conserve la charge des risques). Il n'est pas non plus responsable des détériorations dues à l'usage normal de la chose.
- L'emprunteur doit restituer la chose au terme convenu (*cf.* précisions de l'art. 1900 précité).
- En cas de dommage survenu à un tiers, c'est normalement l'emprunteur qui engage sa responsabilité délictuelle en sa qualité de gardien de la chose (art. 1384 al. 1).

C / / / LE PRÊT DE CONSOMMATION (OU SIMPLE PRÊT)

/ / / / / 1 / / Objet du prêt

Il ne peut porter que sur des choses fongibles, c'est-à-dire interchangeables (or, blé, valeurs mobilières, argent, etc.). L'emprunteur doit restituer l'équivalent de la chose prêtée : qualité et quantité identiques, même si la chose prêtée a changé de valeur, à la hausse ou à la baisse. D'où l'importance de l'indexation, en particulier en matière monétaire.

- **L'indexation.** C'est une action qui consiste à lier la valeur d'un capital ou d'un revenu à l'évolution d'une variable de référence (prix, production, productivité, etc.). La possibilité d'indexer est particulièrement importante, surtout en période de dépréciation monétaire. Le *Code civil* affirme le principe du nominalisme monétaire : un franc = un franc (art. 1895).

Cependant, la Cour de cassation a admis l'indexation des prêts dans les termes de l'article 79 de l'ordonnance du 30 décembre 1958 : l'indice retenu doit avoir un lien direct avec l'objet du contrat ou l'activité de l'une des parties ; en matière de paiement international, toute clause faisant référence à une monnaie étrangère est licite.

2 Date de remboursement

(Voir tableau en début de chapitre.) En outre, il faut relever que la sanction du défaut de respect de ses obligations par l'emprunteur entraîne la déchéance du terme : obligation de remboursement intégrale avant l'arrivée du terme.

3 Taux de l'intérêt conventionnel

Il se distingue de l'indexation qui a pour but de maintenir la valeur d'achat de la chose, en particulier contre l'érosion monétaire, alors que l'intérêt a pour but de rémunérer le prêteur pendant le temps fixé par le contrat de prêt. Le principe de l'intérêt est aujourd'hui admis. Son régime est fixé par la loi du 28 décembre 1966 sur l'usure.

Au fond, la loi précise une double limite au taux d'intérêt conventionnel :

- **Fixation d'un taux d'intérêt maximal ;** le taux d'intérêt conventionnel, le trimestre précédant le prêt de consommation, ne doit pas dépasser le quart du taux effectif moyen pratiqué par les banques, pour des opérations de même nature, et le double du rendement effectif moyen des obligations.

- Dans la forme, le contrat de prêt doit mentionner, **par écrit,** l'existence même de **l'intérêt** et **le taux effectif global** (T.E.G.). Celui-ci comprend l'intérêt proprement dit, auquel viennent s'ajouter les frais, les commissions ou rémunérations de toute nature.
  Dans plusieurs décisions récentes, la Cour de cassation a précisé que la violation de ces obligations formelles entraînait l'application non plus du taux conventionnel mais du taux légal. (Sur la protection du consommateur de crédit, *cf.* titre 9.)

VIII Le contrat de transport

Le contrat de transport est un contrat conclu à titre onéreux. Son objet principal est le déplacement d'une marchandise ou d'une personne.

Le Code civil *et le* Code de commerce *lui consacrent très peu d'articles. Cependant, en raison de l'accroissement du nombre de moyens de transport et de son internationalisation, de nombreux textes particuliers et plusieurs conventions internationales en régissent le droit. Cet ensemble constitue un droit spécifique et complexe.*

Nous nous bornerons à l'étude du transport terrestre de marchandises, en excluant le transport de personnes et les transports fluvial et maritime pour lesquels les règles sont encore différentes.

A /// RÈGLES GÉNÉRALES

1 Définition

① Contrat de transport.

② Transport de marchandise effectué au profit d'un tiers au contrat de transport.

③ Contrat indépendant du contrat de transport (vente, location, etc.).

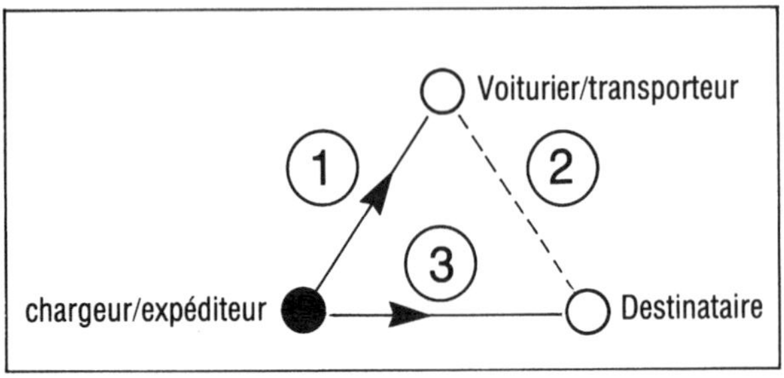

Le contrat de transport de marchandises est traditionnellement défini comme la convention par laquelle une personne, appelée transporteur ou voiturier, s'oblige envers une autre, dénommée expéditeur ou chargeur, et moyennant rémunération, à livrer dans un autre lieu et à un destinataire une chose qui lui est remise.

/////2// Formation du contrat

- Il s'agit d'un contrat consensuel : l'échange des consentements peut donner lieu à une libre discussion ou faire l'objet d'une seule acceptation par l'expéditeur de l'offre permanente émanant du transporteur (ex. : le voyageur prend son billet).
- Le prix peut être librement discuté entre les parties ou faire l'objet d'un tarif soumis à la seule acceptation de l'expéditeur.
- En général, le moment précis de la formation du contrat est déterminé par le premier acte d'exécution de celui-ci.

/////3// Preuve du contrat

On applique le droit commercial : principe de liberté de preuve (art. 109 du *Code de commerce*). La preuve peut être administrée par **la lettre de voiture** (missive adressée par l'expéditeur au destinataire pour lui indiquer ce qui lui a été expédié, et dont copie est remise au transporteur), souvent remplacée par un simple récépissé des marchandises remises.

/////4// Exécution du contrat

a/ Obligation des parties

- **Le transporteur :** — 1 — **Doit prendre en charge** les marchandises, desquelles il devient le gardien. Aussi doit-il les reconnaître, par leur pesage et leur comptage. — 2 — **Il a l'obligation de conduire** la marchandise par l'itinéraire convenu ou, à défaut, par la route habituelle, et respecter le délai précisé au contrat. — 3 — **Il a l'obligation de livrer** la marchandise, c'est-à-dire de la remettre au destinataire désigné par le contrat et au lieu de destination.

- **L'expéditeur doit payer le prix du transport** des marchandises, soit au départ (port payé), soit à l'arrivée (port dû). Il en demeure toujours redevable, même en cas de défaut de paiement par le destinataire.

REMARQUE. Toutes les actions nées du contrat de transport font normalement l'objet d'une prescription d'un an.

b / Droits sur les marchandises transportées

- La lettre de voiture ou le récépissé établit seulement la prise en charge de la marchandise, mais ne la représente pas. En conséquence, on ne peut transférer la possession de la marchandise par la remise des documents, ni les constituer en gage à l'appui d'une traite.

- Normalement, c'est à l'expéditeur qu'appartient le droit de disposition sur les marchandises. Ce droit ne concerne pas la propriété des marchandises, mais le droit de changer de destinataire ou de lieu de destination. Ou encore la faculté de faire revenir les marchandises à leur point de départ.

- En cas de perte, d'avarie ou de retard, le destinataire peut agir en responsabilité contre l'expéditeur, car il dispose d'un droit sur la marchandise que détient le transporteur.

5 / Responsabilités du transporteur

- **Règles légales.** Le transporteur est garant de la perte et des avaries subies par les marchandises à transporter (art. 103 du *Code de commerce*). Cette garantie a un caractère contractuel. Aussi le contrat doit-il être valable pour que sa responsabilité soit éventuellement engagée.

Cette garantie s'étend de la remise des marchandises au transporteur à leur délivrance au destinataire.

- **Régime des clauses d'irresponsabilité.** Une loi du 17 mars 1905 déclare **nulles** les clauses exonérant le transporteur de sa responsabilité. En revanche, les clauses limitatives de responsabilité sont admises.

- **Exercice de l'action en responsabilité.** Le tribunal compétent est normalement le **tribunal de commerce.** La responsabilité du transporteur est atténuée par une fin de non-recevoir : le destinataire dispose de trois jours pour protester (loi du 11 avril 1888), ce délai courant à compter de la réception de la marchandise (décret du 19 mai 1959).

B / FORMES DE TRANSPORT

1 / Le transport par chemin de fer

La S.N.C.F. dispose du monopole du transport par chemin de fer sur le territoire français.

a/ Formation du contrat

Le règlement des conditions de transport est fixé par un **tarif** publié au bulletin des tarifs de la S.N.C.F. Ces tarifs sont obligatoires pour les usagers et, en cas de litige, les tribunaux sont obligés de les appliquer sans en vérifier la légalité, à partir du moment où la forme est respectée.

La S.N.C.F. est tenue d'accepter les marchandises qui lui sont présentées pour expédition, dans les limites de ses possibilités techniques. Le prix est normalement fixé par un tarif, déterminé d'après le poids et la distance. La S.N.C.F. délivre un récépissé et mentionne les marchandises sur un registre d'expédition.

b/ Exécution du transport

À défaut d'indication, la S.N.C.F. doit prendre l'itinéraire kilométriquement le plus court. Le transport doit être effectué dans l'ordre d'enregistrement des déclarations sur le registre d'exploitation. Sauf convention contraire, le déchargement incombe au transporteur ou au destinataire.

La responsabilité de la S.N.C.F. est sensiblement la même que celle du droit commun, un régime particulier étant institué pour les clauses d'exonération en matière internationale (conventions de Berne).

/////2// Le transport routier

Les transports routiers sont actuellement réglementés par un décret du 14 mars 1986.

a/ La profession

En principe, pour exercer la profession de transporteur, il faut être **inscrit** sur un registre, tenu dans chaque région. Une copie du certificat d'inscription doit figurer à bord de chaque véhicule.
Les transporteurs exploitant un service régulier sont soumis à un règlement d'exploitation établi par le préfet. Tout transport public, soumis à une tarification obligatoire, ne peut être effectué que sous une feuille de route détachée d'un carnet à souches.

Pour assurer le fonctionnement de la profession, un comité national routier a été établi, dès 1949, auprès des pouvoirs publics.

b/ Les transports publics de marchandises

Les opérations de transports peuvent faire l'objet de tarifications arrêtées par l'État, et pour lesquelles l'application est d'ordre public. Elles sont, en principe, égales pour tous les usagers. Cependant, dans le but de favoriser la concurrence, des conventions ou accords tarifaires peuvent être conclus dans certaines conditions.

Les transports routiers internationaux sont soumis à une réglementation particulière (convention de Genève).

c / La responsabilité de droit commun

Des tarifs maxima d'indemnisation, par nature de marchandises, peuvent être fixés, moyennant le respect d'une publicité convenable.

À titre d'exemple, le contrat type pour le transport public routier de marchandises, entré en vigueur le 21 mars 1986, prévoit un plafond d'indemnisation en cas de perte ou d'avarie (90 francs par kilogramme, 12 000 francs par tonne de poids brut), et en cas de retard.

TITRE 7

Le paiement

I - Les moyens de paiement

II - Le régime de répression des chèques sans provision

III - Les sûretés : cautionnement, gage et hypothèque

I

Les moyens de paiement

Pour payer leurs créanciers, les entreprises disposent de plusieurs moyens.

- *Le paiement en espèces, peu utilisé en raison de l'obligation qui est faite aux commerçants de payer par chèque toute somme supérieure à cinq mille francs.*
- *La lettre de change, qui peut être utilisée comme un instrument de crédit.*
- *Le chèque, le virement, les cartes accréditives.*
- *La compensation, la subrogation, la délégation et la cession de créance.*

A / / / LE PAIEMENT EN ESPÈCES

La loi du 22 octobre 1940 interdit le paiement en espèces et rend obligatoire le paiement par chèque barré ou par virement postal pour :

- Les **traitements et salaires excédant 10 000 francs** (en 1990).
- Les **règlements entre commerçants** pour toute somme **supérieure à 5 000 francs.**
- Les règlements de transactions portant sur des animaux vivants (bovins, ovins, porcs,...) ou des produits de l'abattage de ces animaux.

REMARQUES. Ces dispositions ne sont pas applicables aux personnes incapables de payer par chèque (interdictions).

La loi de finances pour 1990 rétablit l'obligation pour les particuliers non commerçant d'effectuer par chèque barré, virement ou carte, le paiement de tous les biens ou services au-delà de 15 000 francs.

Lors du paiement en espèces, c'est au débiteur de faire l'appoint, et le nombre de pièces acceptables est limité par la loi (9 janvier 1965).

B /// LA LETTRE DE CHANGE OU TRAITE

/////1// Définition et mécanisme d'utilisation

La lettre de change est un **titre de paiement, transmissible** par **endossement,** par lequel le **créancier** (appelé **tireur**) donne l'ordre à son **débiteur (tiré)** de payer une certaine somme à une certaine date **(l'échéance).**

La lettre de change peut être à l'**ordre du tireur** lui-même ; elle peut être tirée pour le compte d'un tiers **(le bénéficiaire)** et payable au domicile d'un tiers **(domiciliation dans la banque du tiré).**

À titre d'exemple, l'entreprise LITREDAT livre (le 10 octobre 1989) pour 100 000 francs de feuilles de papier-carton à la S.A.R.L. PAPEX. LITREDAT est donc créancière de PAPEX et peut émettre une lettre de change payable à la banque du tiré. L'échéance est fixée au 12 décembre 1989.

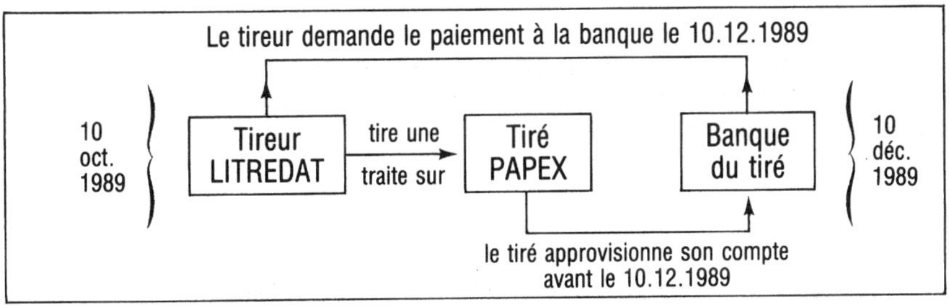

Dans cette opération, LITREDAT est le ***tireur bénéficiaire,*** *PAPEX le* ***tiré*** *(bénéficiant d'un crédit de deux mois), et la banque ne sert que de boîte à lettres pour le paiement qui y est domicilié (lieu du paiement).*

La situation peut se compliquer quelque peu, car le ***tireur*** *peut émettre la lettre de change à* ***l'ordre d'un tiers.*** *Imaginons que LITREDAT, pour fabriquer les feuilles de papier-carton commandées par PAPEX, doive acheter de la pâte à papier à l'entreprise CEMPA.*

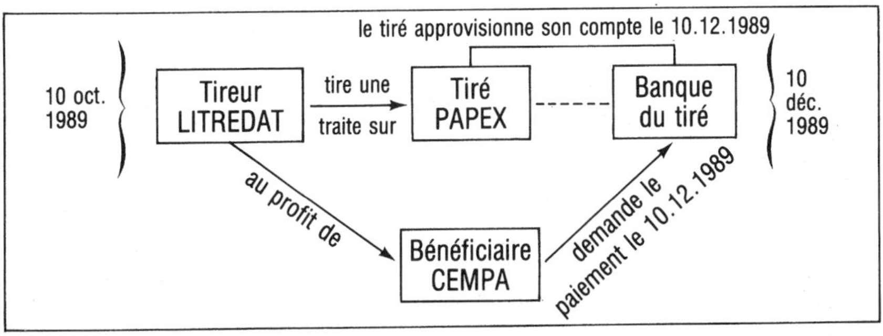

Dans ce second exemple, CEMPA, qui a reçu la lettre de change (CEMPA est le porteur de la lettre de change), demandera le paiement de sa lettre de change le 10 décembre 1989 à la banque du tiré.

La situation peut encore se compliquer. En effet, le bénéficiaire (CEMPA) peut très bien avoir besoin de liquidités avant l'échéance. Il dispose de deux possibilités.

*— **1** — Il peut demander à **sa** banque de lui payer la lettre de change, par exemple le 10 novembre 1989. Le banquier, qui accepte, devient à son tour porteur bénéficiaire de la traite. Le banquier a donc consenti un crédit à CEMPA d'une valeur de 100 000 francs, diminuée du coût de l'opération (le banquier de CEMPA pourra à son tour escompter sa traite chez un autre banquier, etc.). **L'escompte** est l'opération par laquelle une banque accepte de verser à un client qui lui remet une lettre de change le montant de ce titre sous déduction d'une somme représentant la rémunération du service rendu.*

*— **2** — Il peut transmettre la lettre de change en l'endossant à l'ordre d'un créancier Y, par exemple, qui devient à son tour porteur bénéficiaire de la traite. (Y peut l'endosser à son tour au profit de Z, etc.).*

À tout moment, le porteur bénéficiaire d'une traite peut soit la transmettre par endossement pour acquitter une facture, soit la faire escompter par un banquier. L'opération pouvant se reproduire plusieurs fois.

/////2// Présentation de la lettre de change

a/ Mentions obligatoires

L'article 110 du *Code de commerce* énumère les mentions qui doivent obligatoirement figurer sur la lettre de change.

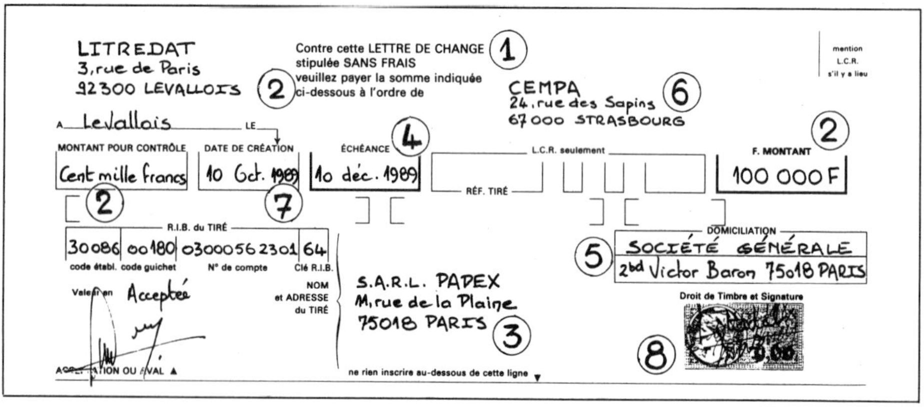
LITREDAT
3, rue de Paris
92300 LEVALLOIS

Contre cette LETTRE DE CHANGE (1)
stipulée SANS FRAIS
veuillez payer la somme indiquée (2)
ci-dessous à l'ordre de

CEMPA
24, rue des Sapins (6)
67000 STRASBOURG

mention L.C.R. s'il y a lieu

A Levallois LE

MONTANT POUR CONTRÔLE: Cent mille francs (2)
DATE DE CRÉATION: 10 Oct. 1989 (7)
ÉCHÉANCE: 10 déc. 1989 (4)
L.C.R. seulement
RÉF. TIRÉ
F. MONTANT: 100 000 F (2)

R.I.B. du TIRÉ: 30086 | 00180 | 03000562301 | 64
code établ. | code guichet | N° de compte | Clé R.I.B.

DOMICILIATION: (5) SOCIÉTÉ GÉNÉRALE, 2bd Victor Baron 75018 PARIS

Valeur en Acceptée

NOM et ADRESSE du TIRÉ: S.A.R.L. PADEX, M, rue de la Plaine, 75018 PARIS (3)

Droit de Timbre et Signature (8)

ACCEPTATION OU AVAL

ne rien inscrire au-dessous de cette ligne

ARTICLE 110 DU *CODE DE COMMERCE*

La lettre de change contient : 1° La dénomination de lettre de change insérée dans le texte même du titre. 2° Le mandat pur et simple de payer une somme déterminée (en lettres et en chiffres). 3° Le nom de celui qui doit payer (tiré). 4° L'indication de l'échéance.	Le titre dans lequel une des énonciations indiquées aux alinéas précédents fait défaut ne vaut pas comme lettre de change, sauf dans les cas déterminés par les alinéas suivants. La lettre de change dont l'échéance n'est pas indiquée est considérée comme payable à vue.
5° Celle du lieu où le paiement doit s'effectuer (domiciliation).	À défaut d'indication spéciale, le lieu désigné à côté du nom du tiré est réputé être le lieu du paiement et, en même temps, le lieu du domicile du tiré.
6° Le nom de celui auquel ou à l'ordre duquel le paiement doit être fait (bénéficiaire). 7° L'indication de la date et du lieu où la lettre est créée. 8° La signature de celui qui émet la lettre (tireur) — cette signature est apposée soit à la main, soit par tout procédé non manuscrit.	La lettre de change n'indiquant pas le lieu de sa création est considérée comme souscrite dans le lieu désigné à côté du nom du tireur.

REMARQUES RELATIVES À L'ÉCHÉANCE. La traite doit porter la date de l'échéance, qui peut être remplacée par l'une des mentions suivantes : ● **« à vue »** ou **« à tout instant »** qui signifient que la traite est payable à compter de sa présentation. ● **« à X jours », « à X mois », « à X semaines », « dans le délai de X mois »,** etc. Le droit de timbre (au 1er janvier 1990) est de **11 francs,** sauf pour les traites domiciliées dans une banque ou un centre de chèques postaux dès leur création **(3,50 F).**

b / Mentions facultatives

- **Domiciliation.** C'est le **lieu de paiement,** en général la banque du tiré. Cette mention est apposée par le tireur ou par le tiré lors de l'acceptation.
- **Acceptation.** Une lettre non acceptée par le tiré est tout à fait valable. (Sur les conséquences de l'acceptation, *cf. infra.*)
- **Indications relatives à la nature de la créance,** qui justifient la création de la traite.
- **Intérêts.** Sur les traites **dont l'échéance est déterminée de façon précise,** le tireur peut prévoir que la somme sera **productive d'intérêts.** Il doit en indiquer le **taux** dans la lettre de change.

3 / Provision de la lettre de change

La provision est la créance du tireur sur le tiré. C'est l'existence d'une provision à l'échéance qui justifie la création d'une lettre de change (ex. : livraison pour 100 000 F de feuilles de papier-carton). Une L.C. peut être sans provision si la créance a disparu à l'échéance. La provision doit être au moins égale au montant de la traite.
En cas de contestation, c'est **au tireur de faire la preuve de l'existence d'une provision,** sauf si le tiré a accepté la L.C. (« L'acceptation suppose la provision. »)

4 Acceptation de la lettre de change

a / Définition

L'acceptation est la signature (précédée de la mention « acceptée ») **de la L.C. par le tiré.** L'acceptation par le tiré vaut engagement de sa part à payer le montant de la traite à l'échéance. Si cet engagement est pris par une autre personne que le tiré (l'avaliste), on parle d'**aval.** Le tireur, le porteur ou un simple détenteur peuvent, jusqu'à l'échéance, présenter la L.C. à l'acceptation du tiré.

b / Refus d'acceptation

Le tiré peut refuser de donner son acceptation. La loi fournit une exception à ce principe et **rend obligatoire l'acceptation** quand les conditions ci-après sont réunies.

- La L.C. résulte d'un contrat relatif à la fourniture de marchandises.
- Ce contrat a été passé entre deux commerçants.
- Le tireur a livré les marchandises.
- Le tiré a eu le temps de vérifier la livraison (la durée est appréciée en fonction des usages).

c / Attitude du tireur en cas de refus d'acceptation

Le tireur (ou le porteur) peut faire constater le refus d'acceptation en **faisant dresser par un huissier ou un notaire un constat appelé protêt ou « faute d'acceptation ».** Le porteur ou le tireur ne sont dispensés de faire dresser un protêt que dans le cas ou la traite porte **la mention « sans protêt »** ou « retour sans frais ». C'est le cas de la L.C. LITREDAT présentée en exemple *(cf. supra)*.

Le porteur dispose alors de **quatre jours** pour aviser l'endosseur (dans le cas de circulation de la L.C., *cf. supra*). L'endosseur avise le porteur dans les **deux jours,** et **ainsi de suite.**

d / Effet du refus d'acceptation

Tous ceux qui ont tiré, accepté, endossé une lettre de change sont tenus solidairement envers le porteur. Cela signifie que le porteur, qui a fait constater dans les temps le refus d'acceptation **(porteur diligent),** peut agir contre toutes ces personnes individuellement ou collectivement sans avoir à respecter l'ordre dans lequel elles se sont obligées (l'ordre dans lequel elles ont endossé la L.C.).

Le même droit appartient à tout signataire d'une L.C. qui a effectué le remboursement de celle-ci.

REMARQUE. Le porteur diligent peut exercer son recours avant l'échéance, mais un escompte calculé au taux de l'escompte officiel sera opéré au profit du payeur.

///// 5 // Circulation de la lettre de change

Dans le premier exemple « LITREDAT », la L.C. était remise par le tireur au bénéficiaire après acceptation. Dans le troisième exemple, le bénéficiaire CEMPA pouvait transmettre sa lettre de change par endossement. **L'endossement est une mention suivie d'une signature apposée au dos d'une L.C. donnant l'ordre de payer la L.C.** au profit d'une personne appelée **endossataire.** Celui qui donne l'ordre est appelé **endosseur.** Il existe plusieurs types d'endossement.

a / L'endossement translatif ou à titre de propriété

L'endosseur transmet à l'endossataire tous les droits attachés à la L.C. L'**endosseur** rédige au dos de la L.C. une mention du genre :

> « Payez à l'ordre de Monsieur X - Strasbourg, le 10 novembre 1989 »
> Signature *Cempa*

REMARQUE. La simple signature de l'endosseur suffit à transmettre la propriété de la L.C. au porteur **(endossement dit « en blanc »).** Cempa aurait tout aussi bien pu utiliser la mention **« payez au porteur ».**

b / L'endossement à titre de procuration

L'endosseur donne mandat à l'endossataire, en général une banque, d'encaisser la L.C. Exemple :

« Pour encaissement » le 10.12.1989 *Cempa*	« Payez à l'ordre de la B.N.P. » le 10.12.1989 *Cempa*

c / L'endossement pignoratif ou endossement en garantie

L'endossement qui contient la mention **« valeur en garantie »** ou **« valeur en gage »,** ou toute autre mention impliquant un nantissement (*cf.* titre 7-II), est un **endossement pignoratif.** Le porteur de la L.C. remet celle-ci en **gage à son créancier** (en général une banque).

L'endossataire conserve la L.C. tant qu'il n'a pas obtenu le remboursement de sa créance. Si la créance n'est pas recouverte à la date prévue, l'endossataire peut encaisser la L.C. quand elle arrive à échéance. (Les sommes encaissées sont affectées au remboursement de sa créance.)

6 Paiement des lettres de change

Le porteur d'une L.C. payable à jour fixe ou à un certain délai de date ou de vue **doit présenter** la L.C. au paiement soit le jour où elle est payable, soit l'un des deux jours ouvrables suivant.

Le porteur ne respectant pas cette obligation est déclaré **porteur négligent** (par opposition à la notion de porteur diligent que nous avons étudiée ci-dessus).

a / Forme du paiement

Le tiré vérifie les endossements successifs et règle le porteur. **Le tiré peut proposer un règlement partiel sans que le porteur puisse s'y opposer.**
Le porteur qui a reçu paiement intégral de la lettre de change appose sur la L.C. la mention **« bon pour acquit »**, et **signe.**

REMARQUES. ● Si le porteur d'une L.C. est en liquidation ou redressement judiciaire, et seulement dans ces cas précis, les créanciers du porteur peuvent faire opposition au paiement de la lettre. ● Le paiement d'une L.C. se fait en général par domiciliation. Le domiciliataire est un banquier qui ne paie la lettre qu'après avoir reçu un avis de domiciliation de la part du tiré.

b / Le défaut de paiement

Comme dans le cas d'un refus d'acceptation, le porteur doit, en cas de refus de paiement, faire dresser par un **huissier** ou un **notaire** un **protêt « faute de paiement ». Ce protêt doit être fait dans les deux jours qui suivent le jour où la lettre est payable** (notion de porteur diligent).

L'obligation de faire dresser le protêt « faute de paiement » est écartée dans les cas suivants :

- Un protêt faute d'acceptation a été précédemment dressé.
- Le tiré est en cessation de paiement (procédure de redressement judiciaire ou liquidation engagée).

Le **porteur négligent,** celui qui n'a pas fait dresser un protêt dans les temps, **perd tout recours contre les endosseurs successifs, contre le tireur et l'avaliste** (sauf si la provision n'a pas été fournie). Le porteur négligent conserve son droit de **recours contre le tiré** à condition qu'il ait **accepté la L.C.**

Le **porteur diligent** peut réclamer le paiement de la lettre de change, en cas de non-paiement par le tiré, **à tous ceux qui l'ont signée. Les signataires sont tenus solidairement envers le porteur.** Pour recouvrir les sommes, le porteur diligent peut utiliser des procédures judiciaires souples et rapides comme la **procédure d'injonction de payer** ou la **saisie conservatoire** sur les effets mobiliers des endosseurs successifs.

Tout signataire qui a payé peut se retourner contre tous les endosseurs antérieurs.

c / Prescriptions des actions en recouvrement (prescriptions cambiaires)

Les délais de recours sont relativement brefs. Toute action résultant de la lettre de change contre l'accepteur se prescrit **par trois ans** à compter de la date de l'échéance.
Les actions du porteur contre les endosseurs et contre le tireur se prescrivent **par un an** à partir de la date du protêt dressé en temps utile ou de celle de l'échéance, en cas de clause de retour sans frais.
Les actions des endosseurs les uns contre les autres et contre le tireur se prescrivent **par six mois** à partir du jour où l'endosseur a remboursé la lettre ou du jour où il a été lui-même actionné.

/ / / / / 7 / / Le billet à ordre

Le billet à ordre est un effet de commerce à court terme utilisé pour les opérations de crédit. Il est établi par le débiteur (ou souscripteur) : le tireur est donc en même temps le tiré. L'acceptation n'a plus d'objet puisque le billet à ordre constitue une reconnaissance de dette et un engagement de paiement.
Ainsi que la lettre de change, il est transmissible par endossement — l'endossataire devient le nouveau bénéficiaire ; il peut être relevé — B.O.R. (système identique à celui de la L.C.R.).

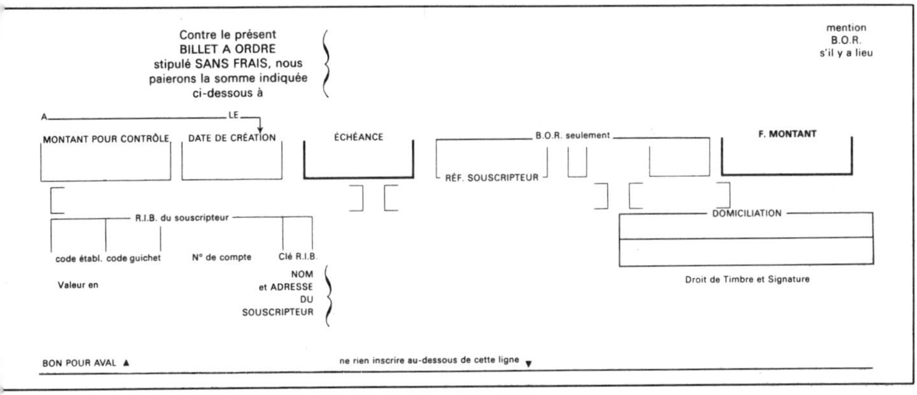
Contre le présent
BILLET A ORDRE
stipulé SANS FRAIS, nous
paierons la somme indiquée
ci-dessous à
mention
B.O.R.
s'il y a lieu
A
LE
MONTANT POUR CONTRÔLE
DATE DE CRÉATION
ÉCHÉANCE
B.O.R. seulement
F. MONTANT
RÉF. SOUSCRIPTEUR
R.I.B. du souscripteur
DOMICILIATION
code établ. code guichet
N° de compte
Clé R.I.B.
Valeur en
NOM
et ADRESSE
DU
SOUSCRIPTEUR
Droit de Timbre et Signature
BON POUR AVAL ▲
ne rien inscrire au-dessous de cette ligne ▼

C / / / CHÈQUE, VIREMENT ET CARTES

/ / / / / 1 / / Le chèque

Le chèque est un titre par lequel le tireur (titulaire d'un compte courant bancaire ou postal) **donne l'ordre au tiré** (établissement bancaire) **de payer une certaine somme à vue à un bénéficiaire.**

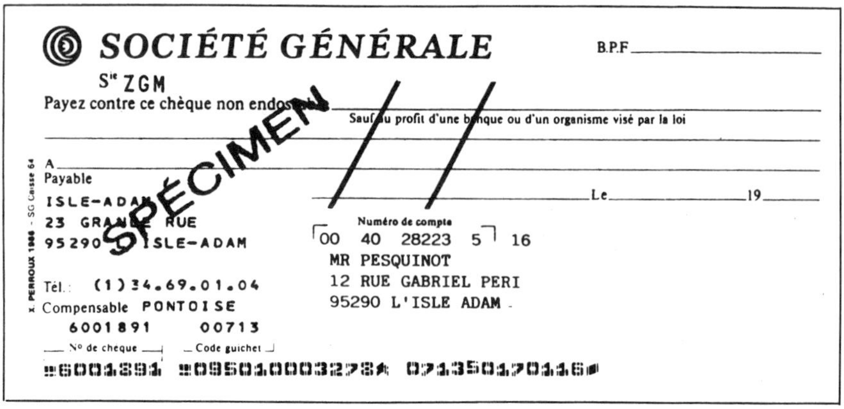
SOCIÉTÉ GÉNÉRALE B.P.F.

S^te ZGM

Payez contre ce chèque non endossable

Sauf au profit d'une banque ou d'un organisme visé par la loi

A

Payable

ISLE-ADAM

23 GRANDE RUE

95290 L'ISLE-ADAM

Tél. : (1) 34.69.01.04

Compensable PONTOISE

6001891 00713

N° de cheque — Code guichet

Le 19

Numéro de compte

00 40 28223 5 16

MR PESQUINOT

12 RUE GABRIEL PERI

95290 L'ISLE ADAM

SPÉCIMEN

X. PERROUX 1986 - SG Caisse 64

REMARQUE. Le chèque n'est pas une monnaie ayant cours légal, les commerçants sont libres de refuser un chèque même s'il est inférieur à 100 francs, ou même si c'est un chèque certifié.

a / Provision

Le chèque constate une créance du tireur sur le tiré. La provision peut avoir pour source un dépôt d'argent en banque, une remise d'effet, une ouverture de crédit. Elle doit exister au moment de l'émission du chèque et jusqu'à la fin du délai de paiement.

Le tireur a la possibilité, en s'adressant à sa banque : ● de faire viser le chèque — la somme est disponible le jour où le chèque est tiré ; ● de faire certifier le chèque — la somme est disponible et bloquée jusqu'au paiement du chèque. Ce sont des garanties pour le bénéficiaire.

En cas de défaut de provision, des mesures préventives sont prises par les banques (interdiction de chéquiers, centralisation des chèques impayés), ainsi que des mesures répressives (sanctions civiles et pénales). Voir la loi du 3 janvier 1975 (art. 189 bis A du *Code de commerce*) relative aux chèques sans provision.

b / Circulation

Les **chèques au porteur** sont transmissibles **de la main à la main.** Les chèques à l'ordre d'une personne dénommée sont transmissibles par **endossement,** comme les lettres de change, à condition de ne pas être barrés.

Les chèques barrés ne sont en effet plus endossables depuis 1979.

c / Paiement du chèque

La banque est responsable des fautes qu'elle commet, aussi doit-elle vérifier la régularité du chèque.

REMARQUE. Le tiré doit obligatoirement payer, même en l'absence de provision, tout chèque, établi sur une formule délivrée par lui, d'un montant égal ou inférieur à **100 francs.** Cette obligation prend fin **un mois** après la date d'émission du chèque.

Est passible d'une amende de 2 500 F à 5 000 F et, en cas de récidive, d'une amende de 5 000 F à 10 000 F, quiconque, par quelque moyen que ce soit, directement ou indirectement, exige ou provoque, pour le paiement d'une somme supérieure à 100 F, la remise d'un ou de plusieurs chèques d'un montant inférieur ou égal à 100 F.

d / Refus de paiement

Le porteur doit faire dresser un protêt par un huissier. Les signataires doivent être informés du non-paiement. La banque tirée, après avoir retourné le chèque avec avis au porteur, notifie l'avis à la Banque de France.
L'huissier assure la publicité du protêt au greffe du tribunal de commerce.

e / Recours

- **Porteur diligent.** Avec autorisation de justice, le porteur diligent peut faire procéder à la saisie conservatoire des biens des endosseurs. Si le protêt a été signifié au tireur, cela équivaut à un commandement de payer ; à défaut, à une saisie et vente des biens mobiliers du tireur.

- **Porteur négligent.** Pas de recours, sauf contre le tireur qui n'a pas fourni de provision et contre le tiré qui a commis une faute.

f / Prescription des actions en paiement

- **Trois ans** pour le porteur contre le tiré.
- **Six mois** pour les autres actions.

/ / / / / 2 / / Le virement bancaire ou postal

Le paiement par virement consiste à créditer le compte du créancier par le débit du compte du débiteur. Le débiteur doit signer un ordre de virement.

/ / / / / 3 / / Les cartes de paiement

Elles constituent un des principaux modes de règlement. On distingue **plusieurs types de cartes.**

a / Les cartes bancaires

Elles sont délivrées par les banques et permettent de prélever des espèces dans des distributeurs, de régler des achats chez les commerçants qui acceptent ces cartes.

Le paiement des achats est **garanti aux commerçants jusqu'à 600 F par achat.** En contrepartie, la banque prend un pourcentage sur chaque opération **(de 2 à 6 %).** Le paiement par carte bleue, par exemple, permet au détenteur de carte bancaire d'obtenir un **crédit gratuit,** puisque ses achats ne seront débités sur son compte que le 30 du mois.

b / Les cartes accréditives

Elles remplissent les mêmes fonctions que les cartes bancaires, mais sont délivrées par des établissements de crédit : carte « American Express » ou « Diners Club ».

c / Les cartes privatives

Elles sont délivrées par certains magasins à leurs clients : carte « PASS » (Carrefour), carte « Galeries Lafayette », etc.

Que faire en cas de perte ou de vol d'une carte bleue ? Le titulaire est responsable de l'utilisation de sa carte jusqu'à ce qu'il ait fait opposition auprès de sa banque.

L'opposition peut se faire par tous les moyens (télex, téléphone, télégramme, etc.). Il existe des numéros de téléphone ouverts jour et nuit. L'opposition doit être accompagnée d'une déclaration de vol ou de perte auprès des autorités de police.

Même après opposition, le détenteur est responsable des retraits effectués à partir de son **code confidentiel.**

D / / / AUTRES MOYENS DE PAIEMENT

/ / / / / 1 / / Le paiement par transmission

a / La cession de créance

Convention par laquelle un créancier, le cédant, transmet à une autre personne, le cessionnaire, la créance dont il dispose à l'égard de son débiteur, le cédé.

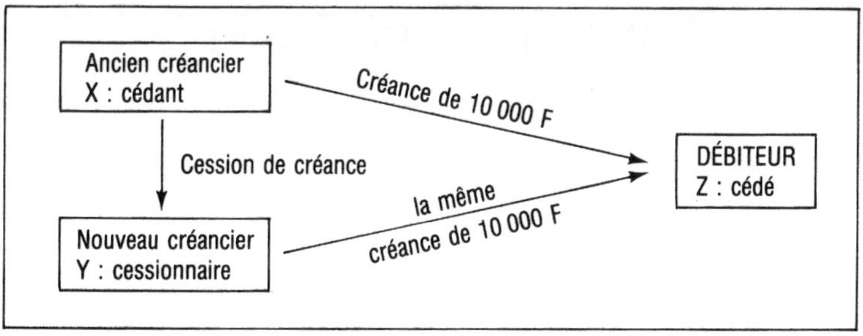

Le créancier X peut imposer à son débiteur Z un nouveau créancier Y à condition de signifier par huissier la cession au débiteur (art. 1690 du *Code civil*). Cette condition de forme n'existe pas pour les lettres de change, les actions au porteur.

b / La délégation de créance

Opération juridique par laquelle une personne, le délégué, s'engage à la demande d'une autre, le déléguant, envers une troisième, le délégataire.

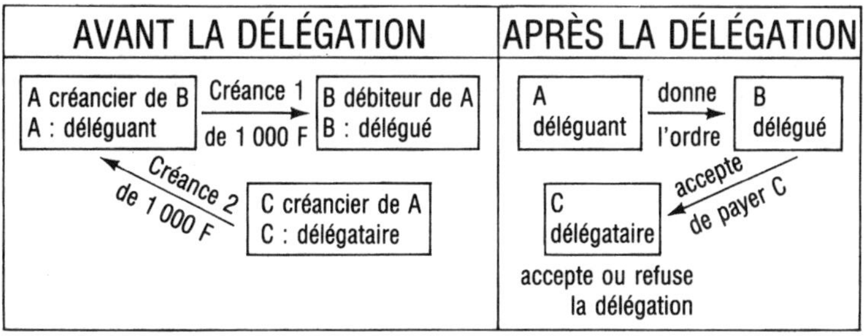

À la suite de la délégation C à un nouveau débiteur B qui se substitue à A. Si B accepte, A est libéré de son obligation, mais B court un risque si son nouveau débiteur est insolvable.

Si la délégation entraîne l'extinction de l'obligation préexistante avec les sûretés qui lui sont attachées, elle est appelée délégation parfaite. Dans ce cas, le délégataire **doit** expressément déclarer qu'il entend décharger le déléguant de son obligation (dans l'exemple ci-dessus, extinction de la créance 2).
Dans le cas contraire, la délégation est dite imparfaite (dans l'exemple ci-dessus, C a deux débiteurs : B ou à défaut A).

c / La subrogation de créance personnelle

Il y a paiement par subrogation quand celui-ci est effectué par une autre personne que le débiteur. Cette personne est mise à la place juridique du créancier : elle devient titulaire de la créance envers le débiteur qui y reste toujours tenu.

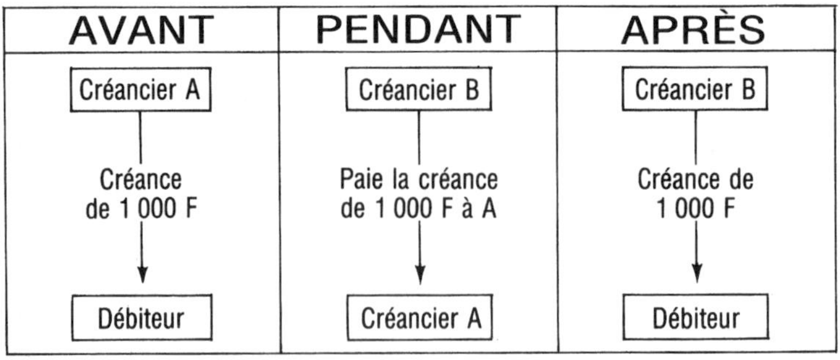

B va payer à la place du débiteur et prendre la place du créancier A. Il y a donc transmission de la créance, mais la subrogation diffère de la cession de créance, en ce sens qu'il y a paiement du créancier.

d / La compensation de créance

La compensation suppose que deux personnes sont réciproquement débitrices et créancières.

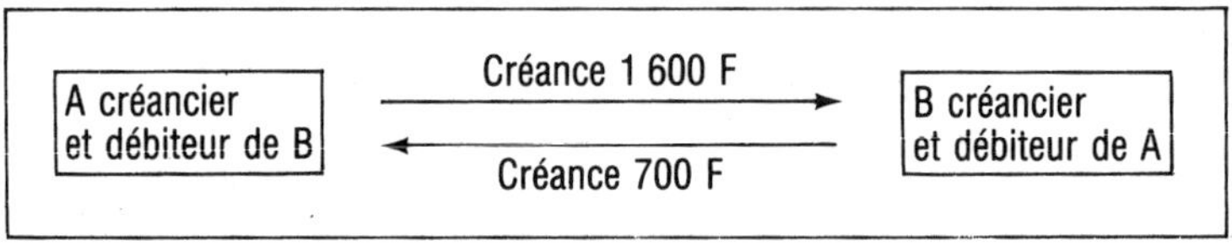

La compensation est l'extinction des dettes réciproques de plein droit jusqu'à concurrence de la plus faible.

Elle n'a lieu qu'entre deux dettes exigibles qui ont également pour objet une somme d'argent ou une certaine quantité de choses fongibles de la même espèce, et sont également déterminées (nécessité d'un jugement en cas de désaccord).

À l'issue de la compensation dans l'exemple ci-dessus...

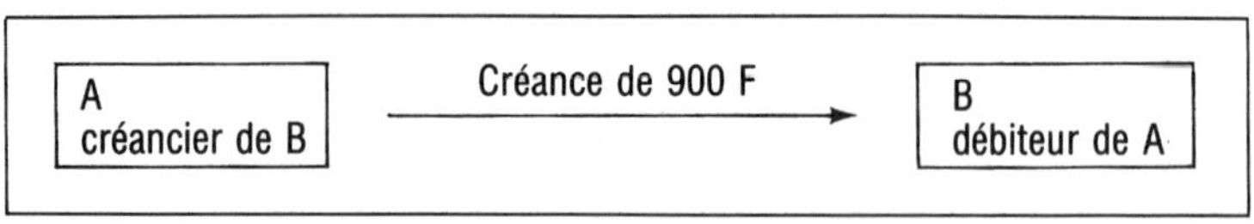

seule subsiste la créance de 900 F.

///// 2 // L'extinction d'une dette sans paiement

● **La novation.**

La novation est la substitution d'une obligation nouvelle à une obligation ancienne qui disparaît. L'article 1231 du *Code civil* distingue trois types de novations.

— **1** — Novation par changement de dette : au lieu de me devoir 1 000 F vous me devez une chaîne stéréo.

— **2** — Novation par changement de débiteur.

— **3** — Novation par changement de créancier.

La novation régulièrement formée entraîne l'extinction de la première obligation avec tous ses accessoires. Cette extinction est définitive même si la deuxième obligation n'est pas exécutée.

● **La prescription.** C'est un mode légal d'extinction de l'action du créancier. Celui qui laisse passer un certain délai sans exercer ses droits ne peut plus agir.
Le législateur a déterminé, selon les situations, des délais variables de prescription (par exemple, *cf.* en *supra :* « Prescriptions des actions en recouvrement [prescriptions cambiaires] »).

II

Le régime de répression des chèques sans provision

Le régime de prévention et de répression de l'émission de chèques sans provision a été profondément remanié par la loi du 3 janvier 1975 et le décret du 3 octobre 1975. Cette loi met à la charge des banques le soin d'assurer, en première ligne, la police de l'usage des chèques. L'action de la justice pénale est réservée aux infractions les plus graves. La loi de 1975 institue un fichier central des chèques, lequel regroupe toutes les informations relatives aux tireurs de chèques sans provision.

A / / / RÔLE ET RESPONSABILITÉ DES BANQUES

/ / / / / 1 / / Ouverture de comptes et délivrance de chéquiers

À l'ouverture d'un compte, les banques vérifient soigneusement l'identité et l'adresse du candidat et interrogent le fichier central de la Banque de France afin de s'assurer si ce candidat ne fait pas l'objet d'une interdiction bancaire.

REMARQUE. Une banque peut refuser à un client la délivrance d'un carnet de chèques ou lui demander, en l'absence d'une mesure d'interdiction, la restitution des carnets qui n'ont pas encore été utilisés. Le fait de détenir un compte ne confère à son titulaire aucun droit à l'obtention d'un chéquier.

/////2// Le principe de l'interdiction bancaire

Le tiré (la banque), qui a refusé tout ou partie du paiement d'un chèque pour défaut de provision, est tenu d'adresser au titulaire du compte une lettre d'injonction (L.R. avec A.R.) lui interdisant d'émettre des chèques pendant un an et l'enjoignant de restituer à tous les banquiers dont il est client les formules de chèques en sa possession et en celle de ses mandataires (art. 6 du décret du 3 octobre 1975).

REMARQUES. ● Cette lettre d'injonction revêt un caractère automatique dès lors que le rejet du chèque est dû à l'absence de provision : la banque ne peut prendre en considération la bonne foi de son client. ● Toutefois, s'il s'agit d'un premier incident depuis un an, le tireur négligent peut échapper à l'interdiction en régularisant la situation (règlement direct du chèque entre les mains du bénéficiaire ou constitution de la provision chez le banquier tiré) dans un délai de 30 jours suivant la lettre d'injonction.

Si les conditions de régularisation ont été remplies, le titulaire du compte recouvre le droit d'émettre des chèques.

À l'expiration du délai de 30 jours, si la régularisation n'a pas été exercée, l'interdiction d'émettre des chèques s'applique à titre définitif pendant un an. Le banquier tiré est alors tenu d'adresser à la Banque de France un avis de non-paiement qui vaut notification d'interdiction bancaire au plus tard le quatrième jour ouvrable suivant l'expiration du délai de régularisation. Le tireur est ainsi « fiché » à la Banque de France.

RAPPEL. La loi fait obligation aux banques de payer les chèques d'un montant égal ou inférieur à 100 francs pour lesquels la provision figurant au compte est insuffisante.

B /// RÔLE DE LA JUSTICE PÉNALE

/////1// Définition des infractions

La justice pénale intervient sur des faits d'une gravité particulière (intention frauduleuse, violation d'interdiction). Les différentes infractions, quel que soit le montant du chèque, sont passibles des peines de l'escroquerie : emprisonnement d'un an au moins et de cinq ans au plus, et d'une amende de 3 600 F au moins et de 2 500 000 F au plus.

Les coupables peuvent en outre être frappés pour dix ans au plus de l'interdiction des droits civiques, civils et de famille (art. 42 du *Code pénal*).

REMARQUE. Est passible d'une amende de 2 500 à 5 000 F quiconque exige ou provoque, pour le paiement d'une somme supérieure à 100 francs, la remise de plusieurs chèques d'un montant égal ou inférieur à 100 francs.

///// 2 // Interdiction judiciaire

Le tribunal répressif peut condamner en outre l'auteur de chèques sans provision à une interdiction judiciaire d'émettre des chèques d'une durée de un à cinq ans.

C /// RÔLE DE LA BANQUE DE FRANCE

///// 1 // Centralisation des informations

La Banque de France centralise tous les renseignements relatifs aux incidents de paiement, à l'exception de ceux pour lesquels la faculté de régularisation était ouverte et a été exercée dans les délais. Autrement dit, tous les tireurs frappés d'une interdiction bancaire ferme d'un an ou d'une interdiction judiciaire sont automatiquement « fichés ».

L'article 17 du décret du 3 octobre 1975 prévoit la possibilité de radiation des incidents du fichier central des chèques à la demande du banquier.

> Art. 17. La Banque de France annule la déclaration d'incident au paiement sur la demande du banquier tiré dans les cas ci-après.
>
> « 1° Lorsque le refus de paiement ou l'établissement de l'avis de non-paiement résulte d'une erreur du tiré.
>
> 2° Lorsqu'il est établi par le titulaire du compte qu'un événement qui ne lui est pas imputable a entraîné la disparition de la provision ou mis obstacle à l'exercice de la faculté de régularisation.
>
> 3° Lorsque le titulaire du compte a effectué, dans le délai de régularisation de trente jours, le règlement direct du montant du chèque impayé et en rapporte la preuve au tiré, à qui il remet le chèque au plus tard deux mois après l'expiration de ce délai. »

REMARQUE. La Banque de France ne peut répondre favorablement aux demandes des personnes qui la saisissent directement en vue de se faire rayer du fichier central des chèques.

///// 2 // Diffusion des informations

La Banque de France communique les informations aux banques ou aux autorités judiciaires qui lui en font la demande.

APPLICATION DE LA LÉGISLATION POUR « INFORMATIQUE ET LIBERTÉS »

La procédure de recensement des incidents de paiement de chèques et des interdictions bancaires et judiciaires a été déclarée à la Commission nationale de l'informatique et des libertés, conformément aux dispositions de la loi n° 78-17 du 6 janvier 1978 « relative à l'informatique, aux fichiers et aux libertés ».

En application de cette loi, toute personne justifiant de son identité a la faculté de connaître, de contester et, le cas échéant, de faire rectifier les informations que la Banque de France détient à son nom dans le fichier central des chèques. À cet effet, les personnes physiques ou les représentants légaux des personnes morales peuvent être reçus à Paris, au service du fichier central des chèques, et, en province, dans les succursales de la Banque de France. En outre, une procédure écrite de l'exercice du droit d'accès, conforme aux dispositions fixées par la délibération n° 80-10 du 1er avril 1980 de la Commission nationale de l'informatique et des libertés, a également été mise en place.

En 1985, la Banque de France a ainsi été amenée à répondre à plus de 10 500 demandes d'exercice du droit d'accès formulées par des personnes physiques ou morales.

Source : Banque de France.

APERÇU SUR L'ORGANISATION DU FICHIER CENTRAL

Toutes les informations sont conservées dans des bases de données gérées par un puissant ensemble informatique et sont directement accessibles, grâce à l'utilisation de clés de recherche basées, pour l'essentiel, sur la date de naissance, pour les personnes physiques, et sur le numéro national d'entreprise, pour les personnes morales.

L'enregistrement des déclarations d'incidents de paiement est assuré par la plupart des succursales et par le service du fichier central des chèques qui effectue seul, par ailleurs, le traitement des notifications d'interdictions judiciaires. En 1985, la Banque de France a ainsi enregistré 3 380 000 déclarations d'incident de paiement. Les demandes de renseignements présentées par les banques ont connu un développement considérable (7 400 000 en 1977, 17 800 000 en 1985).

Les banques peuvent avoir recours à trois procédures d'interrogation.

- Dépôt de formulaires. Dans ce cas, les demandes, traitées sur les terminaux informatiques du fichier central ou des succursales, font l'objet d'une réponse dans un délai maximal de quarante-huit heures.
- Interrogation par bandes magnétiques. Les bandes, complétées par les renseignements enregistrés dans le fichier central, sont restituées à l'établissement demandeur le lendemain de leur dépôt.
- Consultation directe par télex. Sous réserve d'avoir été spécialement accréditées à cet effet, les banques peuvent interroger directement par télex la base de données, la réponse leur étant fournie par la même voie immédiatement ou dans un délai extrêmement bref.

III

Les sûretés : cautionnement, gage et hypothèque

Le créancier éprouve très souvent des difficultés à se faire payer, car il se retrouve en concurrence avec les autres créanciers de son débiteur, souvent insolvable ou incapable de faire face à toutes ses obligations.
Rappelons le principe général de l'égalité des créanciers chirographaires qui n'ont ni droit de préférence, ni droit de suite (art. 2903 du Code civil*). Pour se garantir contre l'insolvabilité du débiteur et pour éviter d'entrer en concurrence avec les autres créanciers chirographaires, il peut être bon de s'assurer,* ***c'est-à-dire de prendre une sûreté.*** *On appelle sûreté les garanties données au créancier contre les risques d'insolvabilité du débiteur.*

On distingue deux sortes de sûretés. **— 1 —** *Les* ***sûretés personnelles :*** *elles donnent la garantie qu'en cas de défaillance du débiteur une autre personne remplira les obligations correspondantes. Il s'agit du cautionnement.* **— 2 —** *Les* ***sûretés réelles :*** *elles donnent la garantie qu'en cas de défaillance du débiteur, une chose déterminée répondra de ses obligations et pourra être attribuée au créancier ou vendue à son profit. Il s'agit du gage et de l'hypothèque.*

A / / / LE CAUTIONNEMENT

Le cautionnement est un contrat par lequel une personne appelée « caution » s'engage à payer un créancier dans le cas où son débiteur ne le ferait pas.
Le cautionnement est une sûreté personnelle.

1 Formation du cautionnement

La caution doit s'engager expressément **(consentement exprès).** Le consentement comme tout contrat ne doit pas être vicié par l'erreur, le dol ou la violence. La caution doit être juridiquement capable, etc.
Un écrit est généralement rédigé, dans lequel figure la signature de la caution précédée de la mention « bon pour cautionnement ». C'est un contrat unilatéral (seule la caution s'engage), accessoire au contrat principal conclu entre le créancier et le débiteur.

2 Effets du cautionnement

Il convient de distinguer la caution simple de la caution solidaire.

- **La caution simple.** Dans le cautionnement simple, la caution n'est tenue de payer que si le débiteur n'a pas effectué le règlement de sa dette. La caution pourra exiger du créancier qu'il demande en premier au débiteur de payer : ce droit est appelé **« bénéfice de discussion ».**
La caution pourra également, si plusieurs cautions se sont engagées, demander le **bénéfice de division,** c'est-à-dire demander au créancier qu'il divise préalablement son action et la réduise à la part de chaque caution.

- **La caution solidaire.** La caution solidaire est tenue de payer la dette dès l'échéance si le créancier le lui demande. **Elle ne peut invoquer le bénéfice de discussion et encore moins le bénéfice de division en cas de pluralité de cautions.**
Le créancier peut demander à la caution de payer même si le débiteur est solvable.

B LE GAGE (OU NANTISSEMENT)

1 La notion de gage

« Le gage confère au créancier le droit de se faire payer sur la chose qui en est l'objet, par privilège et préférence aux autres créanciers. » (art. 2073 du *Code civil*).

En d'autres termes, **le gage est un contrat par lequel un créancier reçoit pour sûreté de sa créance la possession d'un bien mobilier.** En cas de non-paiement à l'échéance, la valeur du bien sera affectée au remboursement de la créance, quelles que soient les obligations qu'éventuellement son débiteur n'aurait pas remplies à l'égard d'autres créanciers.

C'est un contrat très usité en raison des garanties qu'il offre : ● Les banques accordent des avances sur titres. ● Les magasins généraux prêtent sur gage. ● Les caisses du crédit municipal (anciens monts-de-piété) prêtent aux particuliers. ● Les particuliers prêtent sur gage.

Les meubles seuls peuvent être objet de gage, qu'ils soient corporels ou incorporels (revoir ces notions). Le remettant, celui qui donne une chose en gage, doit en être propriétaire et avoir la capacité de l'aliéner. Le donneur en gage est généralement le débiteur lui-même.

/////2// La formation du contrat de gage

- **Forme.** Le gage civil doit être constaté par un **écrit** (acte sous seing privé), alors que le gage commercial n'est soumis à aucune forme. Le gage est un **contrat synallagmatique, réel et accessoire** (voir collection DEGE, *Droit civil*).

- **Remise de l'objet gagé ou dépossession. Le débiteur doit se désaisir de la chose gagée et en transmettre la possession au débiteur.** Cette contrainte a été écartée dans de nombreux cas par le droit moderne qui a autorisé les **gages sans dépossession** *(cf. infra).*

/////3// Les droits et les obligations du créancier gagiste

a/ Les obligations

- Il doit veiller à la conservation de la chose en bon père de famille, en assurer les frais nécessaires de conservation, éventuellement se les faire rembourser. Il est responsable si la chose disparaît de son fait.
- Il ne peut se servir de la chose ou en percevoir les fruits.
- Il doit restituer la chose une fois l'obligation du débiteur remplie.

b/ Les droits du créancier gagiste

- **Droit de rétention.** Droit de conserver la chose tant que le créancier n'est pas entièrement remboursé. Ce droit est opposable à tous, y compris à ceux qui pourraient justifier d'un privilège sur cette chose.
- **Droit de suite (ou droit de revendication).** S'il est dépossédé de la chose (perte, vol,...), il peut la revendiquer comme le véritable propriétaire.
- **Droit de faire vendre la chose.** En cas de non-paiement à l'échéance, le créancier gagiste demande au tribunal de faire vendre aux enchères la chose gagée. Il peut également se faire attribuer la chose gagée et verser une soulte si la valeur de gage est supérieure à la créance.
- **Droit de préférence.** En cas de vente, il sera payé avant tous les autres créanciers de son débiteur.

4 Les gages sans dépossession

Des lois particulières autorisent, dans certaines circonstances, des constitutions de gage n'impliquant point dépossession du débiteur. À cet effet, elles instituent un mode de publicité approprié, destiné à l'information des tiers.

Au nombre de ces gages sans dépossession figurent :

- **Les warrants,** titres à ordre, transmissibles par voie d'endossement, soumis à publicité et conférant à leur bénéficiaire le droit de faire vendre à son profit les marchandises ou objets du warrant.
- **Les gages sur voitures automobiles** confèrent au vendeur à crédit la garantie qu'une cession règulière de carte grise et, par conséquent, de la voiture elle-même, ne pourra être effectuée sans son assentiment, donc aussi longtemps qu'il n'aura pas été remboursé.
- **Le nantissement du fonds de commerce.** La mise en gage d'un fonds de commerce permet au commerçant de se procurer du crédit tout en poursuivant son exploitation.
- **Le nantissement des films cinématographiques.**
- **L'achat à crédit d'outillage et de matériel d'équipement professionnel.**

C LES HYPOTHÈQUES

1 Généralités

a/ Définition

« L'hypothèque est un droit réel sur les immeubles affectés à l'acquittement d'une obligation. »
Le créancier hypothécaire dispose d'un droit réel immobilier qui lui confère :

- **Un droit de préférence** sur le produit de la vente de l'immeuble hypothéqué.
- **Un droit de suite** lui donnant la possibilité de faire saisir l'immeuble « dans quelque main qu'il passe » en cas de non-exécution de son obligation par le débiteur.

b/ Caractères

- **L'hypothèque est indivisible** et « subsiste en entier sur tous les immeubles affectés », même si le débiteur s'est libéré d'une partie de sa dette.
- **L'hypothèque n'entraîne pas la dépossession du débiteur.**

c / Classification des hypothèques

● **Hypothèques légales** (art. 2121 du *Code civil*). Elles résultent de la loi, en vue de protéger certaines catégories de personnes. Les deux plus importantes sont l'hypothèque légale d'un époux sur les biens de l'autre et l'hypothèque légale des mineurs ou majeurs en tutelle sur les biens du tuteur ou de l'administrateur légal. On peut également mentionner l'hypothèque légale de l'État, des départements, des communes et des établissements publics sur les biens des receveurs et administrateurs comptables.

● **Hypothèques judiciaires** (art. 2123 du *Code civil*). L'hypothèque judiciaire résulte notamment de jugements soit contradictoires, soit par défaut, définitifs ou provisoires en faveur de celui qui les a obtenus, et des sentences arbitrales revêtues de l'ordonnance judiciaire d'exécution.

● **Hypothèques conventionnelles** (art. 2124 du *Code civil*). « Les hypothèques conventionnelles ne peuvent être consenties que par ceux qui ont la capacité d'aliéner les immeubles qu'ils y soumettent. » Elles résultent de conventions. Tout débiteur ayant la capacité d'aliéner peut donc affecter un immeuble lui appartenant en garantie de ses obligations. De même, un tiers agissant en qualité **de caution réelle** peut affecter un de ses immeubles en garantie de l'obligation du débiteur.

///// 2 // Notions pratiques relatives aux hypothèques

● **Conservateur des hypothèques.** De tous temps et sans remonter à l'édit du roi Louis XV du 17 juin 1771, les conservateurs des hypothèques ont été chargés, ***sous leur propre responsabilité pécuniaire,*** de l'exécution des formalités civiles prescrites pour la publicité des hypothèques et autres droits immobiliers.

● **Le fichier immobilier.** Depuis le décret du 4 janvier 1955 une réforme importante du système hypothécaire a permis l'institution d'un fichier immobilier tenu dans chaque conservation des hypothèques. Sur ce fichier sont répertoriés, sous le nom de chaque propriétaire, au fur et à mesure des dépôts, et par immeuble, les documents publiés.
« Le fichier immobilier présente, telle qu'elle résulte des documents publiés, la situation juridique actuelle des immeubles. Il comporte les fiches personnelles de propriétaires, des fiches parcellaires et des fiches d'immeubles. »

● **Publicité des documents. « Les conservateurs des hypothèques sont tenus de délivrer, *à tous ceux qui le requièrent,* copie ou extrait des documents déposés à leur bureau. » « Ils sont également tenus de délivrer sur réquisition des copies ou extraits du fichier immobilier. »**
Tout créancier éventuel pourra donc connaître à tout moment la situation hypothécaire de son débiteur éventuel, et de ce fait pourra agir en toute connaissance de cause.

● **Rang de l'hypothèque.** L'hypothèque **prend rang** à la date de son inscription à la conservation des hypothèques, et cette inscription confère au créancier son droit de préférence et son droit de suite.

En cas de pluralité d'inscriptions sur le même immeuble, la date d'inscription détermine l'ordre de préférence suivant lequel les différents créanciers hypothécaires seront remboursés.

///// 3 // Les effets de l'hypothèque

a / Droit de préférence

● **Le propriétaire conserve la libre disposition de l'immeuble.** Il peut l'administrer, le louer, en jouir et l'aliéner. Toutefois, en cas de vente, il ne peut disposer de son prix avant que les créanciers hypothécaires aient été réglés.

● **En cas de non-paiement de la créance à l'échéance, le créancier peut faire saisir l'immeuble et le débiteur perd son droit d'aliéner l'immeuble.**

Le créancier hypothécaire a le droit d'être **payé par préférence** aux autres créanciers non inscrits ou inscrits postérieurement. Ce droit s'exerce au moyen de la saisie de l'immeuble qui est alors vendu aux enchères sous contrôle du tribunal, et le montant de la vente est réparti entre les créanciers au moyen d'une procédure d'ordre.

b / Droit de suite

Articles 2166 et suivants du *Code civil.* **Le créancier hypothécaire a le droit de faire saisir l'immeuble « en quelque main qu'il se trouve ».**
Le tiers acquéreur, pour éviter d'être poursuivi par le créancier hypothécaire, consigne son prix auprès du notaire chargé de la vente en vue de sa répartition entre les créanciers inscrits. Il s'agit alors d'une **procédure de purge.**

///// 4 // La durée de l'hypothèque

L'ordonnance du 28 septembre 1967 a établi ainsi la durée des effets de l'hypothèque :

- Obligation de durée indéterminée. L'inscription de l'hypothèque est valable **dix ans,** avec possibilité de renouvellement.
- Obligation de durée déterminée. L'inscription est valable pendant **deux ans** au plus après la date de la dernière échéance, avec également possibilité de renouvellement.

///// 5 // *Les modalités pouvant affecter l'hypothèque*

- **Subrogation.** Convention par laquelle le créancier hypothécaire cède à un tiers les droits qu'il tient de son hypothèque. Le tiers, nouveau prêteur, verra sa créance garantie par l'hypothèque dans les mêmes conditions. L'acte de subrogation doit être publié à la Conservation des hypothèques.

- **Cession d'antériorité.** Acte par lequel un créancier cède son rang à un autre créancier inscrit après lui. Cet acte doit également être publié.

- **Transmission de l'hypothèque.** La créance, et par là même l'hypothèque, est transmise sans formalité spéciale aux héritiers du créancier défunt.

- **Extinction de l'hypothèque**

  - **Par voie accessoire.** L'hypothèque s'éteint chaque fois que la créance est elle-même éteinte par l'effet de son paiement.
  - **Par voie principale :** accomplissement des formalités de la purge ; défaut de renouvellement en temps utile ; annulation de l'acte constitutif d'hypothèque ; perte de l'immeuble hypothéqué avec toutefois transfert du droit de préférence sur l'indemnité d'assurance ; renonciation du créancier.
  - **Par radiation de l'inscription.** Elle peut émaner du créancier ou de la justice, et met fin à l'opposabilité aux tiers.

TITRE 8

Les consommateurs

I

La recherche d'une définition

Le droit de la consommation est né dans les années cinquante avec l'émergence d'une société d'abondance. ***Droit fonctionnel,*** *il a pour but de protéger les consommateurs contre les abus de puissance économique dont ils peuvent être les victimes dans leurs rapports avec les professionnels.* ***Droit pluridisciplinaire,*** *il emprunte à de nombreuses branches du droit (Droit civil, pénal, etc.) et demeure difficile à cerner.* ***Droit militant,*** *il est en constante évolution, ce qui nuit à l'élaboration d'une synthèse cohérente.*

Le consommateur est classiquement défini comme la personne qui, pour ses besoins personnels, non professionnels, devient partie à un contrat de fournitures de biens ou de services. Il s'oppose ainsi au professionnel qui contracte pour les besoins de son activité économique.
Une même personne peut être donc, selon les situations, professionnel ou consommateur.

À titre d'exemple, M. Dupont, acheteur d'une voiture pour les besoins de la société pour laquelle il travaille, est considéré comme un ***professionnel*** *(acte professionnel) ; M. Dupont achetant pour ses besoins personnels est alors qualifié de* ***consommateur.***

En conséquence, le droit de la consommation concerne moins une catégorie de personnes (on n'est pas professionnel ou consommateur *a priori*) qu'**une catégorie particulière d'actes : on devient consommateur parce qu'on effectue un acte de consommation.**

Deux conceptions sont généralement retenues. Dans les faits, elles se chevauchent.

- Dans une première conception, le droit de la consommation est l'ensemble des règles applicables aux actes de consommation.
- Dans une seconde conception, le droit de la consommation est constitué par l'ensemble des règles qui ont pour but la protection des consommateurs.

II

Consommation : la formation du droit

On distingue, classiquement, les ***sources institutionnelles*** *des* ***sources formelles*** *du droit de la consommation.*

A / / / SOURCES INSTITUTIONNELLES

Elles sont extrêmement variées.

1 Les organismes de droit privé

a / Les coopératives de consommateurs

Elles constituent des groupements formés par des consommateurs pour remplir des fonctions habituellement réservées à des organes capitalistes. Ce genre de coopératives est apparu au XIXe siècle.

Leur rôle : vendre à leurs adhérents des produits qu'elles achètent, sans souci de réaliser un profit (ex. : l'enseigne COOP).

b / Les associations de consommateurs

Régies par la loi du 1er juillet 1901, elles sont extrêmement nombreuses.

À titre d'exemple, l'Union fédérale des consommateurs (U.F.C.) existe depuis 1951 et publie la revue Que choisir ?

Les associations de consommateurs ont des fonctions diverses, et ont pour but d'être la **voix des consommateurs :** ● Information et représentation des consommateurs dans divers organismes. ● Opérations médiatiques et actions de justice au nom des consommateurs.

2 Les organismes de droit public

a/ Les administrations

- Le gouvernement comprend un secrétariat d'État à la consommation.
- Une administration dépendant du ministère de l'Économie joue un rôle important dans la protection des consommateurs : la direction générale de la concurrence, de la consommation et de la répression des fraudes (D.G.C.C.R.F.).

b/ Les organismes consultatifs

Ils sont amenés à donner leur avis avant qu'une décision en matière de consommation ne soit prise.

À titre d'exemple, on peut citer :

- *Le conseil national de la consommation (C.N.C.) qui comprend un collège de consommateurs et un collège de professionnels.*
- *La commission des clauses abusives* (cf. supra).
- *La commission de la sécurité des consommateurs* (cf. supra).

c/ L'institut national de la consommation (I.N.C.)

Il a un triple objet :

- Centre d'essais.
- Centre d'information et de documentation — il publie la revue *50 millions de consommateurs.*
- Organisme d'études et de formation.

d/ Le laboratoire national d'essai

C'est un service technique qui procède à toute opération utile pour la protection et l'information des consommateurs.

3 Les organismes européens

- Diverses associations de consommateurs se sont réunies au sein du bureau européen des consommateurs (B.E.U.C.), créé en 1982.
- La commission européenne dispose, depuis 1973, d'un service chargé de la protection des consommateurs, et a créé à la même époque un comité consultatif des consommateurs.

B / / / LES SOURCES FORMELLES

● **Au plan interne**
Il existe **de nombreuses sources législatives et réglementaires** qui, précisément, visent divers aspects du droit de la consommation.

À titre d'exemple : la loi du 10 janvier 1978 (clauses abusives et crédit à la consommation) ; la loi du 21 juillet 1983 (santé et sécurité des consommateurs) ; l'ordonnance du 1er décembre 1986 (texte réformant le droit de la concurrence, mais comportant des dispositions spécifiques pour les consommateurs).

Il existe, en outre, **de nombreuses sources négociées.** Elles peuvent prendre trois aspects :

— **1** — Négociation entre professionnels (ex. : code moral des entreprises de vente par correspondance).

— **2** — Négociation entre l'État et les professionnels.

— **3** — Négociation entre professionnels et organisations de consommateurs (ex. : engagement national pris en 1984 par les teinturiers concernant la rédaction de leurs contrats types).

Cette pléthore de sources formelles et institutionnelles du droit de la consommation, ajoutée à la difficulté d'une définition précise du droit, rend son exposé difficile.

● **Au plan externe**
Il existe de nombreuses directives de la C.E.E.

III

L'acte de consommation

La protection du consommateur doit être prévue avant même la formation du contrat de consommation et doit se prolonger au moment de la formation et de l'exécution de celui-ci.

A / / / LA FORMATION DU CONTRAT DE CONSOMMATION

Le but du droit de la consommation : que le consommateur agisse en toute connaissance de cause afin que son comportement soit le plus objectif possible. Aussi, trois types de règles ont été établies à des stades différents.

1 Information des consommateurs

L'information générale des consommateurs provient des professionnels et des organismes de consommateurs.

a / L'information en provenance des professionnels

La jurisprudence met à la charge des professionnels une **obligation générale de renseigner,** de façon loyale et sincère, les consommateurs sur les caractéristiques du produit et du service préalablement à la conclusion d'un contrat de vente.

La loi leur prescrit des obligations spéciales en matière d'information.

À ce titre, on peut citer :

- L'obligation de faire figurer des mentions dans certains contrats (ex. : contrat de vente d'immeubles).
- L'étiquetage obligatoire de certains produits.
- L'obligation de publier les prix (art. 28 de l'ordonnance du 1er décembre 1986).
- L'obligation d'utiliser la langue française (loi du 31 décembre 1975).
- L'obligation de faire figurer certaines mentions dans une publicité, etc.

b / L'information fournie par les organismes de consommateurs

Pour contrebalancer les nombreuses informations fournies par les professionnels, les organismes de consommateurs ont pour tâche essentielle d'informer les consommateurs.

2 / Les méthodes commerciales

Afin d'éviter des méthodes trop agressives de la part des professionnels, le principe de libre concurrence a dû être limité. Cette limitation touche autant les méthodes de distribution que de promotion.

a / Les méthodes de distribution

Le professionnel peut vendre ses produits ou ses services dans son propre magasin, ou aller au devant de la clientèle.

- **Les magasins de vente.**

— Leur **implantation géographique** est, en principe, libre. Il existe, cependant, quelques dérogations (magasins de grande surface, débits de boissons, officines de pharmacie,...).

— L'**ouverture des magasins** est, en principe, interdite le dimanche.

— **La sécurité à l'intérieur des magasins** est assurée par une jurisprudence qui retient la responsabilité civile des professionnels.

- **La vente par démarchage.** Le démarchage à domicile est réglementé, soit par la loi du 27 décembre 1977 (modifiée par celle du 23 juin 1989), soit par des textes particuliers (valeurs mobilières, assurances sur la vie). Le démarchage en matière d'enseignement est interdit.

- **La vente par correspondance.** Elle est interdite s'il s'agit d'un envoi forcé ou non commandé.

- **La vente sur la voie publique.** Elle nécessite une autorisation préfectorale ou municipale.

b / Les méthodes de promotion

- **La publicité comparative** est désormais admise par la jurisprudence, à des conditions d'objectivité qu'elle définit strictement.
- **La publicité trompeuse** (indications ou présentations fausses de nature à induire en erreur sur un des éléments essentiels de la composition ou du mode d'utilisation du bien ou du service) est prohibée (*cf.* titre 3-III).
- **La publicité de certains produits ou services** (pour les produits pharmaceutiques, les boissons alcoolisées, etc.) est limitée.
- **Certains procédés de vente** (prix d'appel, soldes, vente au déballage, etc.) sont strictement réglementés (*cf.* titre 6-IV).

/ / / / / 3 / / Les contrats prérédigés

Le droit commun des contrats s'applique à cette forme de contrats prérédigés, en plein développement. Cependant, il existe certaines dispositions particulières :

- Réglementation des clauses abusives (*cf.* titre 6-III).
- Certains contrats de consommation font l'objet de dispositions impératives (contrats d'assurances, opérations de crédit, etc.).
- Certains contrats ont fait l'objet d'accords collectifs (ex. : contrat type rédigé en concertation, en 1976, pour la vente de voitures d'occasion).

B / / / LA FORMATION ET L'EXÉCUTION DES CONTRATS DE CONSOMMATION

Le consommateur qui a conclu un contrat de consommation doit obtenir, en contrepartie du prix qu'il paie, un produit conforme et sûr. Certaines dispositions consuméristes tendent à assurer cette exigence.

- **Conformité des produits et des services.** Outre les règles classiques du *Code civil,* il existe une protection particulière des consommateurs, principalement assurée par la loi du 1er août 1905, qui sanctionne pénalement la tromperie sur la marchandise vendue ou le service fourni, et la normalisation des produits, des services et des contrats à des documents de référence.

En France, il existe plus de dix mille normes. Souvent, il faut faire attention que ces normes ne soient pas considérées comme des atteintes indirectes (chaque pays disposant d'une norme différente pour un même produit) à la libre circulation des marchandises au sein de la C.E.E. — principe affirmé aux articles 30 et suivants du Traité de Rome.

● **Sécurité des produits et des services.** Deux textes essentiels sont à retenir.

— 1 — Le premier a pour objet **la prévention.** En effet, la loi du 21 juillet 1983, pour laquelle la sécurité constitue un but en soi, tend à prévenir les dommages. La création de la commission de sécurité des consommateurs est une de ses innovations principales. Elle reconnaît, en outre, un pouvoir d'investigation à l'Administration dans les locaux mêmes des entreprises afin de connaître les dangers de certains produits ou services.

— 2 — Le second a pour but **la réparation.** Il s'agit de la directive communautaire du 25 juillet 1985 qui fixe un double principe : le producteur est responsable du dommage causé par un défaut de son produit (art. 1er) ; un produit est défectueux lorsqu'il n'offre pas la sécurité à laquelle on peut légitimement s'attendre (art. 6).

● **Fixation des prix.** L'ordonnance du 1er décembre 1986 a profondément modifié la réglementation antérieure, en reconnaissant un principe de liberté des prix qui, dans certaines circonstances, peut être atténué *(cf. supra).*

● **Crédit à la consommation.** Le consommateur a l'obligation de payer un prix en contrepartie du produit ou du service qu'il reçoit. Souvent, il est obligé de recourir au crédit. Aussi, le législateur, par un texte du 10 janvier 1978, a voulu lui assurer une protection efficace.
Son domaine d'application est vaste. Il concerne toute opération de crédit consentie à titre habituel par des personnes physiques ou morales, que ce soit à titre onéreux ou gratuit (art. 2). Son but est essentiellement double.

— 1 — **Assurer une information** la plus complète possible du consommateur afin d'éclairer son consentement (nécessité d'une offre préalable, délai de réflexion obligatoire, etc.).

— 2 — **Lier le prêt à la vente** en subordonnant la conclusion du contrat de vente à celle du contrat de prêt, et inversement (ex., le consommateur ne doit pas être obligé d'acheter s'il n'a pu conclure de prêt).

● **Les litiges de la consommation.**

Les litiges individuels. Les voies judiciaires, longues et coûteuses, ne sont pas adaptées aux litiges de consommation. Certaines voies extrajudiciaires sont souvent utilisées : médiation d'une association de consommateurs ; recours à un médiateur (créé par une loi du 3 janvier 1973) ; existence de procédures de conciliation (une commission de conciliation avait été instituée en 1977, mais ce fut un échec).

Les litiges collectifs. En cas d'infraction pénale, le ministère public a la possibilité d'agir, mais ce sont surtout les associations de consommateurs qui jouent là un rôle efficace. L'article 46 de la loi du 27 décembre 1973 reconnaît aux associations agréées le droit d'exercer devant toutes les juridictions une action civile relativement aux faits portant un préjudice direct ou indirect à l'intérêt collectif des consommateurs.

Mais il existe d'autres voies d'actions : médiatiques, informatives, etc.

IV

Surendettement des particuliers et des familles

Des besoins consuméristes accrus, alliés à une légère amélioration de la situation économique générale, ont contribué à l'élévation du taux d'endettement des ménages français. Ainsi, deux cent mille ménages supportent des charges d'un montant égal ou supérieur à 60 % de leurs revenus.
Une loi du 31 décembre 1989 tente de prévenir de telles situations ou de les résoudre par une procédure de règlement amiable ou de redressement judiciaire civile.

A / / / LA PRÉVENTION DES DIFFICULTÉS

Le législateur a été animé d'un double souci :

- l'information des établissements prêteurs et des cautions
- la responsabilisation de ces établissements prêteurs.

1 L'information

a / Des cautions

Désormais toute personne physique qui s'engage par acte sous seing privé en garantie du remboursement d'un emprunt soumis aux dispositions de la loi du 10 janvier 1978 (crédit à la consommation) ou de celle du 13 juillet 1979 (protection des emprunteurs dans le domaine immobilier) doit, **à peine de nullité de l'acte,** faire précéder sa signature de la mention manuscrite suivante :

> « En me portant caution de X dans la limite de la somme de ... F couvrant le paiement du principal, des intérêts et, le cas échéant, des pénalités ou intérêts de retard, et pour la durée de ... je m'engage à rembourser au prêteur les sommes dues sur mes revenus et mes biens si X n'y satisfait pas lui-même. »

En outre, en cas de cautionnement solidaire, **la validité de la solidarité** est soumise à la mention manuscrite suivante :

> « En renonçant au bénéfice de discussion défini à l'article 2021 du *Code civil* et en m'obligeant solidairement avec X, je m'engage à rembourser le créancier sans pouvoir exiger qu'il poursuive préalablement X. »

L'établissement de crédit prêteur doit informer la caution de la défaillance de l'emprunteur et du « premier incident de paiement considéré ».

b / Des établissements prêteurs

L'innovation essentielle de la loi consiste dans la création d'un **fichier national** destiné au recensement d'informations sur les incidents de paiement caractérisés liés aux crédits octroyés aux personnes physiques pour des besoins non professionnels.

C'est la **Banque de France** qui gère ce fichier. Elle est seule habilitée à centraliser les informations. Les établissements de crédit et les services financiers de la poste sont obligés de lui déclarer les incidents de paiement caractérisés qu'ils constatent.

Ayant recueilli les informations, la Banque de France peut renseigner les établissements de crédit et les services financiers de la poste sur la situation financière des personnes qui sollicitent de leur part un emprunt, sans être tenue au secret professionnel.

/////2// La responsabilisation

Elle concerne les établissements prêteurs et joue au profit des cautions et des débiteurs principaux.

a / Des cautions

L'établissement de crédit qui obtient un engagement de caution manifestement disproportionné aux biens et aux revenus de celui qui le donne, au moment de la conclusion de l'acte, ne peut ultérieurement se prévaloir de son engagement en cas de défaillance du débiteur principal, sauf en cas de rétablissement de la situation de la caution.

b / Des débiteurs principaux

En cas de procédure de redressement judiciaire civile, le juge peut tenir compte de la connaissance qu'avait l'établissement prêteur de la situation du débiteur

Il incite donc les établissements prêteurs à se comporter avec le sérieux qu'impose les usages de la profession et à ne pas accorder des crédits trop facilement (consultation du fichier, analyse financière du patrimoine du débiteur, etc..).

B / / / LE RÈGLEMENT DES DIFFICULTÉS

Il existe deux procédures distinctes.

///// 1 // La procédure de règlement amiable

Elle a pour objet l'élaboration d'un **plan conventionnel** approuvé par le débiteur et ses principaux créanciers, de manière à **régler la situation de surendettement** dans laquelle se trouve le débiteur, personne physique, caractérisée par l'impossibilité manifeste pour ce débiteur de bonne foi de faire face à l'ensemble des **dettes non professionnelles** exigibles ou à échoir.

Pour ce faire :

- Dans chaque département est instituée une commission d'examen des situations de surendettement des particuliers présidée par le préfet.
- Elle est saisie soit par le débiteur, soit par le juge d'instance.
- Elle doit **dresser l'état d'endettement du débiteur** par rapport à la déclaration qu'il doit faire quant à la situation de son patrimoine. Elle possède de larges pouvoirs d'investigation. Elle doit **apprécier la recevabilité de la demande** (les dispositions de la loi sont-elles applicables à cette situation ?) Dans les deux mois à compter de sa saisine, elle doit **élaborer par la conciliation des parties, un plan conventionnel de règlement révisable.**

REMARQUE. Toute personne qui donne sciemment de fausses informations ou remet des documents inexacts en vue d'obtenir la conclusion d'un règlement amiable est déchue du bénéfice de celui-ci.

///// 2 // La procédure de redressement judiciaire civil

Elle a pour objet, mais dans ce cas sous l'autorité du juge, de remédier aux difficultés financières du débiteur se trouvant en situation de surendettement, par des solutions **qui s'imposent aux parties** concernées.

Pour ce faire, le juge est saisi :

- Par le **débiteur,** soit à l'occasion d'un litige ou d'une procédure d'exécution, de préférence à la commission départementale, soit en cas de carence de celle-ci ou d'échec de la mission qui lui aura été préalablement confiée.
- Par un **créancier** en cas d'échec d'une tentative de conciliation ou en cas de refus de la commission d'ouvrir une procédure de règlement amiable.
- Par lui-même d'office sur transmission de la commission ou d'un autre juge.

Le juge doit alors examiner la réalité de la situation du débiteur surendetté. Il peut saisir la commission pour une tentative de conciliation si celle-ci paraît encore possible.
Il a la possibilité de prononcer la **suspension des procédures d'exécution** diligentées par tout créancier **autre qu'alimentaire.**

Enfin, la loi met à sa disposition une panoplie de mesures qu'il peut prendre contre la volonté des parties afin d'assurer le redressement de la situation du débiteur.

- Report ou rééchelonnement du paiement des dettes (il n'a pas le pouvoir de modifier le principal de la dette, sauf pour le cas des prêts contractés pour financer l'acquisition du logement principal).
- Imputation des paiements sur le capital dû et non sur les intérêts **ou** réduction du taux des intérêts.
- Vente forcée du logement principal du débiteur.
- Traitement des établissements de crédit selon qu'ils ont accordé des crédits en respectant une prudence conforme aux usages de la profession.
- Mesures de suspension des remboursements dans les domaines fixés par les lois du 10 juillet 1978 et du 13 juillet 1979.

INDEX DES MOTS CLÉS

TABLE DES MATIÈRES

TITRE 4

Les sociétés commerciales

TITRE 5

L'évolution de l'entreprise

TITRE 6

Les contrats commerciaux

TITRE 7

Le paiement

TITRE 8

Les consommateurs

Imprimé en France par I.M.E. - 25-Baume-les-Dames
Dépôt légal n° 7310-06/1990 - 2e trimestre 1990
Collection n° 58 - Édition n° 01

58/5601/8